泰国研究论丛

主　编　王清远　朱振明
副主编　李　萍　白　杨

 四川大学出版社

项目策划：蒋姗姗
责任编辑：蒋姗姗
责任校对：许　奕
封面设计：墨创文化
责任印制：王　炜

图书在版编目（CIP）数据

泰国研究论丛 / 王清远，朱振明主编. —成都：四川大学出版社，2020.5
ISBN 978-7-5690-1522-5

Ⅰ. ①泰… Ⅱ. ①王… ②朱… Ⅲ. ①泰国－文集 Ⅳ. ① K336.07-53

中国版本图书馆 CIP 数据核字（2020）第 074820 号

书　名	泰国研究论丛 Taiguo Yanjiu Luncong
主　编	王清远　朱振明
出　版	四川大学出版社
地　址	成都市一环路南一段 24 号（610065）
发　行	四川大学出版社
书　号	ISBN 978-7-5690-1522-5
印前制作	四川胜翔数码印务设计有限公司
印　刷	郫县犀浦印刷厂
成品尺寸	148mm×210mm
印　张	5.875
字　数	155 千字
版　次	2020 年 8 月第 1 版
印　次	2020 年 8 月第 1 次印刷
定　价	48.00 元

◆ 版权所有 ◆ 侵权必究

◆ 读者邮购本书，请与本社发行科联系。
　电话：(028)85408408/(028)85401670/
　(028)86408023　邮政编码：610065
◆ 本社图书如有印装质量问题，请寄回出版社调换。
◆ 网址：http://press.scu.edu.cn

扫码加入读者圈

四川大学出版社
微信公众号

序

新中国 70 周年华诞之际,泰国玛哈·扎克里·诗琳通公主获得了中华人民共和国"友谊勋章",这枚勋章象征着中泰风雨同行的美好情谊,也承载着中国人民不忘老朋友的拳拳之心。1981 年,诗琳通公主首次访问中国,成为泰国王室成员访华第一人,39 年来,她一直是杰出的中泰友好使者,见证并推动了中泰两国增进了解、增进友谊。有幸,2011 年,诗琳通公主到访了成都大学,受聘为成都大学荣誉教授。在公主殿下的关心和支持下,成都大学进一步深化了与泰国清迈大学、泰国国家行政管理学院等友好高校在教育、文化、科技等方面的务实合作。

2008 年,成都大学开设了泰语专业,是四川省内第一家开设泰语专业的高校;2010 年,与泰国清迈大学共同建立了"清迈大学泰国语言文化中心";2011 年,与皇家吉拉达学校共建了"诗琳通课堂";2013 年,学校获准成立了"四川省泰国研究中心",是目前国内唯一一家由省政府支持建立的对泰研究国际平台。

近几年,成都大学坚持每年选派 100 名左右的学生赴泰国进行为期一年的对外汉语教学实习,开创了成都大学乃至四川省所有高校派出如此规模学生赴海外实习的先河;2017 年,学校成立了中国—东盟艺术学院,每年招收 100 名左右的泰国学生到成都大学攻读本科和研究生学位。多年来,我和四川省泰国研究中心的专家、学者、老师一起,依托学校泰语学科专业、交流平台、科研平台等,致力泰国语言、泰国文化、中泰关系、教育交流等工作。此次,朱振明教授等专家学者编撰的《泰国研究论丛》,围绕中泰政治关系、中泰经济关系、中泰文化历史关系等课题深入探讨，是中心特聘教授、专家多年来潜心学习、研究、探索的成果展现，是难能可贵的研究资料和资源。

仔细研读了论丛文章，颇多收获，颇多感慨，深感中泰政治、经济、历史、文化渊源深厚，今天的中泰友好关系来之不易，凝聚着毛泽东主席和周恩来总理等第一代领导人的心血，是许许多多像诗琳通公主一样的"中泰友好使者"共同推动、共同努力的重要成果。新的历史时期，习近平主席关于"一带一路"的倡议为中泰交流提供了新的平台和蓬勃发展的机遇。我和成都大学有幸作为见证者、参与者，将进一步持续发力，继续深化与泰国友好高校在学生、教师和学术等方面的交流与合作，打造泰语特色学科、品牌专业，为国家实施"一带一路"倡议培养具有国际视野、中国情怀、人文素养的应用型泰语人才；同时，推动汉语言文化更好地走进泰国，在泰国讲好中国故事，携手发展多元文化，助力成都与泰国友好城市建设，推动中泰友谊长青。

成都大学校长　王清远

目　　录

——中泰关系——

中泰两国从对手到全面战略合作伙伴的历史考察
………………………………………………………朱振明 / 3

泰国旅客选乘中泰高铁的期望与行为研究
………………………常翔　Wirun Phichaiwongphakdee / 24

"一带一路"倡议背景下的中泰贸易
……………………………………………蒙翡琦　漆芮 / 46

泰国宋加洛瓷器中国渊源考
………………………………………………………尚颖颖 / 63

——政治与社会——

泰国政府对姓名资源的控制与社会整合
…………………………………………………………金勇 / 79

1975年以来老挝与泰国关系的发展
………………………………………………………赵姝岚 / 101

——文化教育——

泰国现阶段汉语教育政策、实施现状及思考
…………………………………………………………鲁芳 / 119

认知视角下的泰语歌曲中的"爱情是道路"隐喻体系分析
………………………………………………………韩江华 / 134

泰国南传佛教短期出家的习俗
……………………………………………… 覃雯丹 / 146
泰国祈雨仪式文化内涵探析
………………………………… 林艺佳　朱玉兰 / 158

——综述——

泰国国际关系智库：基本概况、涉华视角和主要观点
………………………………………………… 虞　群 / 173

中泰关系

中泰两国从对手到全面战略合作伙伴的历史考察

朱振明

(四川省泰国研究中心,云南省社会科学院)

摘要:中泰两国是近邻,中泰两国人民之间有着上千年的友好交往的历史。中华人民共和国成立后,中泰关系经历了曲折的发展。"冷战"时期,中泰两国分属两个不同的阵营,处于敌对状态。1975年中泰建交后,随着国际形势的发展和国内形势的变化,中泰关系发生重大变化,两国从对手变成了友好合作的伙伴,最后建立了全面战略合作伙伴关系,中泰关系进入新的发展阶段。考察中泰关系的演变历史,对于推动新时代中泰关系的发展具有积极意义。

关键词:中泰关系;对手;全面战略伙伴;历史考察

2019年是中华人民共和国成立70周年。70年来中国走过了波澜壮阔的历史征程,取得了举世瞩目的重大成就。70年来中国外交经历了光辉历程。中国与泰国关系的变化与发展,正是新中国顺应时代潮流、与时俱进,实行独立自主的和平外交政策的生动记录。1975年中泰建交前的"冷战"时期,中泰两国分属两个不同的阵营,中泰关系经历了曲折的发展。"冷战"使中泰两国成了对手。1975年中泰建交后,随着国际形势的发展和国内形势的

作者简介:朱振明,四川省泰国研究中心教授、云南省社会科学院研究员。

变化，中泰两国从对手变成了友好合作的伙伴。今天中泰两国已建立了全面战略合作伙伴关系，中泰关系进入新的发展阶段。在庆祝中泰建交45周年之际，回顾中泰关系的演变历史，总结经验，对于进一步推动新时代中泰关系发展具有现实意义和理论意义。

一、中华人民共和国成立初期：第一次建交潮和泰国的缺失

1949年10月1日，中华人民共和国成立。中华人民共和国的成立标志着中国共产党领导的人民革命战争，经过28年的浴血奋战，终于取得了最后的胜利。中国革命的胜利是自俄国十月革命和世界反法西斯战争胜利以后又一次具有伟大的世界历史意义的大事。它从根本上改变了中国的面貌，中国从此进入了一个崭新的时代。

中华人民共和国成立初期面临着严峻的国际环境，世界政治形成了以美国为首的西方资本主义国家阵营和以苏联为首的社会主义国家阵营。中华人民共和国的成立增强了世界社会主义阵营的力量，也成为美国在亚洲推行新殖民主义、控制亚洲的严重障碍。于是，以美国为首的西方国家对新中国进行孤立、封锁、遏制，在中国周边地区发动侵略战争，建立以反共、反华为目的的多个军事条约组织。

为了打破帝国主义的孤立和封锁，捍卫国家的独立和安全，争取一个较好的国际环境，中国把巩固、加强同苏联和其他社会主义国家的团结，积极争取同亚非民族独立国家建立外交关系和发展友好合作，作为中华人民共和国成立初期外交工作的指导方针。与包括泰国在内的周边国家建立外交关系和发展睦邻友好关系正是贯彻这一方针的一个重要方面。早在1949年10月1日的中华人民共和国成立大典上，毛泽东主席就宣布："凡愿遵守平等、

互利及互相尊重领土主权等项原则的任何外国政府，本政府均愿与之建立外交关系。"① 根据这一原则，中国向与中国友好的国家打开了大门。1949年10月2日，苏联政府就决定同中华人民共和国政府建立外交关系，并互派大使。继苏联之后，保加利亚、罗马尼亚、朝鲜民主主义人民共和国、匈牙利、捷克斯洛伐克和波兰等社会主义国家相继与中国建立了正式外交关系。

在社会主义阵营国家与中国建交之后，中国周边的一些重要邻国也陆续宣布承认中华人民共和国，并与之建立外交关系。1950年1月越南与中国建交，4月印度与中国建交，同月，印度尼西亚与中国建交，5月缅甸与中国建交，出现了中华人民共和国成立初期的第一次建交高潮。但是，作为中国近邻的泰国却没有出现在中华人民共和国的第一次建交潮内。

其实，中泰两国人民之间有着上千年的友好交往的历史。据中国史籍记载，汉代时期中国就与现今泰国版图内的古国有了交往。到13世纪，随着泰国古国的发展，中泰交往进一步发展。14世纪中叶泰国的阿瑜陀耶王朝建立。阿瑜陀耶王朝存在的400多年间，正是中国的明朝和清初时期。明代中泰两国的使者往来频繁，双方的政治、经济关系十分密切。"朝贡贸易"成为明王朝与阿瑜陀耶王朝官方间的经济、文化交流的主要形式。在双方的"朝贡贸易"中，一些华人还担任了阿瑜陀耶王朝来华贸易的贡使和翻译，从一个侧面反映了双方的关系密切。

19世纪中叶，随着西方殖民者的入侵，亚洲一些国家沦为其殖民地。1840年，鸦片战争后，清王朝开始衰落，中国逐渐沦为半封建半殖民地国家。泰国虽然保持了形式上的独立，实际上也遭到了同样的命运。1855年，英国迫使泰国（这时已是泰国的曼谷王朝）签订了不平等的《鲍林条约》。此后，西方国家相继迫使

---

① 毛泽东. 中华人民共和国中央人民政府公告[R]. 1949-10-1.

泰国签订了类似的不平等条约。泰国的大门从此被打开，被纳入国际体系。西方国家在泰国的影响不断扩大，中国在东亚的中心地位日趋式微，泰国与中国的"朝贡贸易"也随着世界形势的变化而结束。到19世纪70年代，泰国没有再派使臣访华，中国清政府也没有遣使赴泰，双方也无正式的邦交关系。

因此，銮披汶·颂堪政府采取亲美政策，于1950年与美国签订具有军事同盟性质的泰美军事援助协定，参加美国策划的东南亚集体防务条约组织，其总部就设在泰国首都曼谷，以抵制所谓"共产主义在东南亚的渗透"，尤其是抵制所谓的中国"扩张"，禁止与新中国通商通邮。在泰国国内，披汶·颂堪政府疯狂迫害与新中国有着友好关系的华侨华人，一批爱国华侨被非法逮捕入狱并驱逐出境，华侨办的华文教育受到严格限制，宣传中泰友好的华文报纸被查封。披汶·颂堪政府的倒行逆施，导致中泰关系恶化，新中国与泰国之间的官方接触和交往完全中断。

尽管中泰关系中出现这一逆流，但是中国仍然希望改善中泰关系，与泰国友好相处。1954年12月1日，毛泽东主席在北京会见来访的缅甸总理吴努时谈到了中国希望在和平共处五项原则基础上同泰国建立外交关系的愿望和主张。毛泽东主席说："泰国对我们不很友好，但是，如果可能的话，我们很想同泰国建立关系，搞好关系"；"如果泰国愿意，我们可以同泰国结成友好关系，根据五项原则互不侵犯、互不干涉内政"。① 毛泽东主席还指出："泰国说，他们怕中国去侵略他们。我们可以按照同印度和缅甸所采取的办法，根据五项原则，同泰国一起发表一个声明，说明互不侵犯，和平共处。如果谁进行侵略，谁就不对。"②

1954年12月11日，毛泽东主席再次与还在中国访问的缅

---

① 中华人民共和国外交部，中共中央文献研究室. 毛泽东外交文选[M]. 北京：中央文献出版社，1994年184.
② 中华人民共和国外交部，中共中央文献研究室. 毛泽东外交文选[M]. 北京：世界知识出版社，1994：180-81.

甸总理吴努谈话，其中也谈到了泰国。针对泰国政府担心中国会利用泰国的华侨干预泰国的内部事务，毛泽东主席说："我们在华侨中不组织共产党，已有的支部已经解散。我们在印尼和新加坡也是这样做的。我们嘱咐缅甸的华侨不要参加缅甸国内的政治活动，只可以参加缅甸政府准许的一些活动，如庆祝活动等等，别的就不要参加。否则会使我们很尴尬，不好办事。我们在泰国有三百万华侨，我们的方针也是一样。泰国对我们不友好，原因不在于我们。我们实在是想搞好同泰国的关系。我们同泰国如此邻近，按道理应该搞好关系。"①

对于一些外国报纸宣扬中国在云南省成立的傣族自治州是为了侵略泰国，而引起泰国政府的误解和不安，毛泽东主席指出："外国报纸怀疑我们搞傣族自治区是要侵略泰国，是要建立什么'自由泰国'。傣族在云南省有三十万人，他们组织一个自治区。……我们并不搞'自由泰国'，也不想打进泰国。这样的说法是不符合事实的。我们不是如此想的，不是如此准备的，也不是如此干的。"② 毛泽东主席还指出："我们很想同泰国建立外交关系，同它互相承认。如果泰国愿意的话，它也有资格在昆明设立领事馆"，"如果泰国在昆明设领事馆，他们可以到我们的傣族自治区去看看"。③

毛泽东主席并请吴努总理"把中国政府的意见转告泰国总理和泰国政府的其他成员"。

毛泽东主席关于新中国政府对发展中泰关系的谈话，向泰国方面传递了中国希望与泰国建立外交关系的愿望，表达了中国政

---

① 中华人民共和国外交部，中共中央文献研究室. 毛泽东外交文选[M]. 北京：中央文献出版社，世界知识出版社，1994：189-90.
② 中华人民共和国外交部，中共中央文献研究室. 毛泽东外交文选[M]. 北京：中央文献出版社，世界知识出版社，1994：190.
③ 中华人民共和国外交部，中共中央文献研究室. 毛泽东外交文选[M]. 北京：中央文献出版社，世界知识出版社，1994：190.

府和人民对发展中泰关系的善意，阐述了中国政府对海外华侨问题的态度，并对在云南省成立傣族自治州的目的做了说明。毛泽东主席高瞻远瞩的谈话，蕴含了中华人民共和国成立初期中国对发展同泰国关系的政策，对泰国披汶·颂堪政府后来转变对华态度并趋向与中国建交产生了积极影响。

二、亚非会议：开启中泰官方接触的大门

第二次世界大战结束后，长期沦为帝国主义国家殖民地的一部分亚非国家和人民终于挣脱了殖民主义的锁链，在争取民族独立的斗争中取得了胜利。独立后，他们迫切希望继续反对殖民主义，加强亚非国家的团结合作，共同维护亚非国家的独立成果，维护自己的民族利益。在缅甸、斯里兰卡、印度、印度尼西亚和巴基斯坦五国发起下，1955年4月18日至24日在印度尼西亚万隆召开了亚非会议。这是获得独立的亚非国家第一次在没有西方殖民主义国家参加的情况下，讨论亚非人民切身利益的重要国际会议。召开亚非会议的目的，在于促进各国间的友好合作和睦邻关系，讨论与会各国的社会、经济与文化问题和关系，讨论与亚非各国人民具有特别利害关系的民族主权问题、种族主义和殖民主义问题，讨论亚非国家和他们的人民在世界上的地位，以及他们对促进世界和平与合作所能做出的贡献等。

帝国主义、殖民主义者不愿看到亚非人民团结反帝反殖、维护民族独立的局面形成和发展，极力破坏亚非会议的召开。在会议开始后，有些与会国代表或受到帝国主义的压力和挑唆，或因不明真相，偏离会议的宗旨，对中国进行诬蔑，并攻击奉行中立主义的国家。在会议濒临分裂的严重关头，周恩来总理登上讲台，作了著名的"求同存异"的精辟发言，并针对包括泰国在内的一些代表对共产主义和中国的误解，就思想意识和社会制度问题、

宗教信仰自由问题、所谓中国颠覆泰国问题进行了解释。

就泰国代表提到中国云南西双版纳傣族自治州的成立是对泰国的威胁一事，周恩来总理指出："中国少数民族在中国境内实行自治权利，如何能说威胁邻邦呢？我们现在准备在坚守五项原则的基础上与亚非各国，乃至世界各国，首先是我们的邻邦，建立正常关系。……中国决无颠覆邻邦政府的意图。"① 周恩来总理还诚恳地表示："大家如果不信，可亲自或派人到中国去看。我们是容许不知真相的人的怀疑的。中国俗语说：'百闻不如一见。'我们欢迎所有到会的各国代表到中国去参观，你们什么时候去都可以。"② 周恩来总理以理服人、诚恳而充满友谊的演说扫清了笼罩在亚非会议上的阴霾，回击了帝国主义者的挑拨和破坏。

亚非会议闭幕前，周恩来总理与泰国代表团团长、泰国外交部部长旺·威泰耶康亲王进行了会晤，成为中华人民共和国成立后中泰两国政府之间的第一次正式接触。周恩来总理向旺亲王建议可以根据中国和印度尼西亚解决双重国籍问题的原则，解决泰国华侨的国籍问题，并邀请旺亲王到中国访问。周恩来总理对旺亲王说："中国绝没有侵犯邻国的意图，也没有为了扰乱和潜入泰国而在云南省训练人员"，"为了证实这一点，中国政府欢迎泰国代表团去中国访问，去看看西双版纳，中国没有调动部队或干些敌视泰国的行动"。③ 周恩来总理与旺亲王在亚非会议上的会晤，在泰国政府和人民中间产生了很大影响。旺亲王回到泰国后，"与中国建交的事便成了街谈巷议的话题，泰国的政界、新闻界乃至

---

① 中共中央文献研究室编辑委员会. 周恩来选集[M]. 下卷. 北京：人民出版社，1983：156.
② 中共中央文献研究室编辑委员会. 周恩来选集[M]. 下卷. 北京：人民出版社，1983：157.
③ [泰]旺威·拍贴努泰. 中泰友谊的缔造者——周恩来[M]. 第二辑. 上海：上海译文出版社，1985：1.

市井平民无所不及"①。这有利于泰国对新中国的了解，也促进了泰国披汶·颂堪政府在对华政策上的转变。

亚非会议之后，随着1955年8月中美两国开始在日内瓦举行非正式大使级官员会晤，泰国国内精英阶层认为，中美关系可能出现调整，泰国"政府的反共反华政策可能已经不合时宜"②，呼吁披汶·颂堪政府改变亲美政策，实行和平中立政策，与一切国家建立外交关系。在国内外形势变化的情况下，披汶·颂堪准备与中国进行接触。他先是请密友桑·帕塔努泰组织人员秘密前往中国了解情况，与中国建立联系，为日后的正式谈判作准备。桑·帕塔努泰推荐了曾担任泰国政府宣传厅华语电台负责人的阿利·披荣担任秘密访华团团长，伽如纳·古萨拉塞为秘书，庵蓬·素旺那汶议员和沙茵·玛兰恭议员共四人于1955年12月秘密进入中国。他们在广州找到了过去曾在泰国生活后回中国定居的朋友，通过这些朋友联系上了中国的有关机构，并于12月7日抵达北京。

泰国客人的来访受到中国方面的重视和欢迎。12月21日，毛泽东主席、周恩来总理等中国党和国家领导人亲切会见了泰国客人。毛泽东主席在和泰国客人的谈话中揭露了帝国主义者编造的中国会侵略泰国的谎言。毛泽东主席说："中国会不会侵略你们？你们可以看，看他十年八年。中国尊重不尊重你们，是不是把你们当做兄弟看待，你们也可以看。看他多少年，就可以看清楚了"。③ 毛泽东主席说，我们的愿望是使中泰两国友好，但"你们当初提出要秘密地来，当我们了解你们的困难后，就同意了。

---

① [泰]阿利·披荣. 新时期泰中建交之内幕[M]. 林明点，译. 香港：香港嘉富林国际有限公司出版，1999：4.
② 朱拉齐·钦万诺. 三十年泰中建交良友间合作情谊[M]. 曼谷：泰国外交部，2007：9.
③ 中华人民共和国外交部，中共中央文献研究室. 毛泽东外交文选[M]. 北京：中央文献出版社，世界知识出版社，1994：229.

我们要慢慢地、逐步地改进中泰关系"①。

在谈到发展中国与泰国的贸易时,毛泽东主席说:"我们中国可以同泰国贸易。泰国要卖几十万吨大米给中国,我们是可以买的。我们还可以买一些橡胶。……如果你们需要,我们还可以派技术人员去帮助你们设计工厂,完工后他们就回来,把工厂全部交给你们。"②周恩来总理设宴招待泰国客人时指出,泰国实行君主制并不妨碍中泰之间的友谊。各国人民都有权选择适合自己国情的社会制度,我们不能因为社会制度不同而指责他们和不同他们发展友谊。周恩来总理还形象地比喻说,建立友谊像喝茅台酒一样,要慢慢来,酒喝快了容易醉,匆忙建立的友谊也不能持久。③泰国客人的这次访问,增进了泰国对中国的了解,为中泰建交迈出了重要的一步。

与泰国秘密访华团来华访问的同时,在缅甸首都仰光中泰双方也在进行着另一场秘密谈判。1955年12月16至17日,泰国政府总理披汶·颂堪的代表练·播素旺和桑·帕塔努泰与中国政府的代表、中国驻缅甸大使姚仲明在中国驻缅甸大使馆就中泰建交的问题举行会谈。经过两天的会谈,双方签署了一项联合声明。声明说,中泰两国一致同意下列条款:

(一)中泰两国有着历史悠久的深厚友谊。两国愿意在互相尊重主权和领土完整,互不侵犯,互不干涉内政,平等互利与和平共处五项原则的基础上发展友好关系。

(二)中国同情泰国目前的处境,愿意考虑两国根据平等互利的原则发展经济联系,以便帮助泰国摆脱困境。这种联系不仅符

---

① 中华人民共和国外交部,中共中央文献研究室.毛泽东外交文选[M].北京:中央文献出版社,世界知识出版社,1994:229.
② 中华人民共和国外交部,中共中央文献研究室.毛泽东外交文选[M].北京:中央文献出版社,世界知识出版社,1994:228.
③ [泰]旺威·帕贴努泰.中泰友谊的缔造者——周恩来[M].上海:上海译文出版社,1985:42.

合两国人民的利益,而且也以维护亚洲和平的崇高事业相一致。

(三)两国愿意及时地和逐渐地采取相应措施,在贸易和文化范围内增加交流和建立联系,以便最后达到两国关系的正常化。

(四)为了就两国之间的问题进行交谈和协商,双方愿意彼此保持正常的接触。①

鉴于当时的情况,这项联合声明没有公开发表。但是在联合声明签署以后的一段时间内,两国都遵循联合声明的原则,加强了多方面的交往。

1956年1月,以泰国国会议员、经济人党主席乃贴·触的努七为首,主要由泰国议员和新闻工作者组成的泰国人民促进友好访华团对中国进行正式访问。毛泽东主席、周恩来总理会见了泰国客人。访华团在中国一个多月,深入了解新中国的政治、经济、文化、人民生活等情况。2月9日,周恩来总理在中南海接见以乃贴·触的努七为团长的泰国人民促进友好访华团时说:"我们的傣族自治区同所谓的'自由泰'是毫无关系的,一点关系也没有。外面有些人把它们混在一起,我们觉得很遗憾。还有一个谣言,说中国在傣族自治区有很多军队准备侵略泰国,这也是毫无根据的。我们在云南的军队很少。我们的边境一面靠近缅甸,同泰国还有一段距离;一面同老挝和越南相毗邻,我们需要同这些国家友好,同东南亚各个国家友好。我们聚集很多军队在那里干什么?中国是不会侵略泰国的,也不可能那样做。一个国家想要确立什么制度,革命不革命,这要由他们本国人民去选择,革命是不能输出的。如果有人想把他们的政治制度强加在别人身上,那么他一定要失败。在万隆会议,我们就反对这些,反对殖民主义。"②2月10号晚,周恩来总理又陪同毛泽东主席接见以乃贴·触的努

---

① [泰]旺威·拍贴努泰. 中泰友谊的缔造者——周恩来[M]. 上海:上海译文出版社,1985:5-7.
② 中华人民共和国外交部外交史研究室编. 周恩来外交活动大事记 1949—1975[M]. 北京:世界知识出版社,1993:137.

七为团长的泰国人民促进友好访华团。2月11日中午,周恩来总理设宴招待泰国人民促进友好访华团。中国最高领导人多次向泰国代表团阐述、解释中国对泰国的政策、主张,反映了中国政府对发展中泰关系的高度重视。

1957年2月21日,周恩来总理接见以泰国物产有限公司董事长披那玛海·沙旺为团长的泰国经济代表团时说:"我们的朋友正在一年比一年增加,泰国各方面人士都曾经到中国来进行访问。这些人回泰国后,都向泰国人民表达了中国对泰国的友好愿望,特别是向披汶总理转达了中国政府对泰国政府的尊重。我们之间的这种友谊,不但要继续下去,而且要求发展。我这次到亚洲七八个国家进行访问,目的是为了求友谊、求和平、求知识。我们尊重各邻邦的独立。泰国目前还受到马尼拉条约的约束,这是一时的现象,慢慢地,马尼拉条约的作用是可以逐渐削弱的。我曾经同巴基斯坦总理谈过这事情。我们并不希望泰国一下子从美国那里摆脱出来,因为这样做将会引起一种副作用,美国的压力将会更大。我们并不要求泰国同中国友好后就不要同美国友好。我们希望的是泰国的独立,不受到别国的干预;我们希望的是各国间的大团结,互不排斥;我们更希望见到我们邻邦的独立。只有国家获得独立,经济才能发展。"①

12月23日,周恩来总理接见了以伊沙拉为团长的泰国新闻工作者代表团。周恩来总理指出,我们的外交政策是希望同世界各国,尤其是同亚洲各国和平友好、和平共处。过去中泰之间的来往中断了一个时期,两国间的邦交又没有恢复起来,因此很自然地产生了一些误会。②周恩来总理表示欢迎泰国代表团去西双

---

① 中华人民共和国外交部外交史研究室. 周恩来外交活动大事记 1949—1975[M]. 北京: 世界知识出版社, 1993: 193.
② 中华人民共和国外交部外交史研究室. 周恩来外交活动大事记 1949—1975[M]. 北京: 世界知识出版社, 1993: 227-228.

版纳看看。

据不完全统计,从1956年1月到1958年10月的两年时间,就有24个泰国代表团访问了中国。这些代表团几乎都受到周恩来总理及中国其他领导人的会见。周恩来总理多次向泰国朋友阐述中国的外交政策,对中泰关系正常化寄以希望。周恩来总理一次又一次地会见泰国朋友,表达了中国政府和人民对泰国的友谊,也使泰国朋友深受感动。

然而,中泰关系的发展并非一帆风顺。1958年10月,在外国势力策动下,沙立发动军事政变,推翻了披汶·颂堪政府,改变了披汶·颂堪政府改善对华关系的政策,宣布禁止同中国进行一切交往,中断了亚非会议之后中泰之间业已建立起来的多方面的联系,中泰友好关系再次被蒙上一层阴影,时间长达14年之久。

三、中泰建交:中泰关系进入新的阶段

进入20世纪70年代后,国际形势发生了重大变化。1971年,联合国大会通过了关于恢复中华人民共和国在联合国的一切合法权利的提案,占世界人口四分之一的东方大国长期被排斥在联合国外的不合理局面从此结束。这表明各国人民要求同中国友好已是大势所趋。

长期采取敌视、孤立中国政策的美国也不得不逐步改变其对华政策。1972年2月,美国总统尼克松应邀访华,2月28日《中华人民共和国和美利坚合众国联合公报》发表,中美关系掀开了新的一页。中美关系的突破,在世界上引起了巨大反响。美国对华政策的改变,美军从印度支那的撤出和在亚洲的收缩,也对泰国产生了影响。而泰国国内政治、经济形势的变化,也使泰国不得不调整对外政策,特别是对华政策。实际上,还在中华人民共和国恢复在联合国的合法权利前,泰国与中国已有秘密接触。1970

年至1971年间，时任泰国外长的他纳·科曼曾通过南斯拉夫和瑞典等第三国与中国进行了接触。1971年1月13日，他纳·科曼在接受美国哥伦比亚广播电台采访时称，泰国需要与中国和平共处。在1971年10月25日联合国大会在表决恢复中华人民共和国在联合国的一切合法权利的提案时，泰国外长他纳·科曼请示国内，建议与大多数国家一样投赞成票，但他侬军人政府对中国仍抱有戒心，既不支持，也不反对，结果泰国投了弃权票。① 尽管如此，泰国政府还是允许泰国常驻联合国代表与中国派到联合国的代表联系，并在外交上采取了一些灵活做法，放宽泰国外交人员与中国的接触。

1972年8月，亚洲乒乓球联盟邀请泰国乒乓球队到北京参加亚洲乒乓球锦标赛。泰国最高权力机构"革命团"经过认真研究，决定派出以警察中将春蓬·罗哈差腊为团长，以"革命团"全国行政委员会财政、经济、工业署副主任巴实·干午那越为顾问的泰国乒乓球代表团参加在北京举行的亚洲乒乓球锦标赛。中断了14年的中泰两国的交往，开始得到恢复。

泰国乒乓球代表团到中国参加比赛，受到了中国方面的热情欢迎。在北京期间，1972年9月5日，周恩来总理等中国领导人会见了泰国乒乓球代表团团长和顾问，谈及了中泰建交还存在的一些问题。泰国方面进一步了解了中国对发展同泰国关系的政策。中泰双方通过乒乓球队访问实现了直接接触。泰国舆论界把这称为中泰关系史上的"乒乓外交"，巴实·干午那越还被称为"泰国的基辛格"。② 为了表示改善对华关系的愿望，1973年6月，泰国乒乓球总会邀请中国乒乓球队访泰。这是中华人民共和国成立以来中国派往泰国访问的第一个代表团。泰国政府对此十分重视。

---

① 朱拉齐·钦万诺. 三十年泰中建交良友间合作情谊[M]. 曼谷：泰国外交部，2007：22.
② 朱振明. 巴实·干午那越与中泰关系[J]. 东南亚，1999（2）：50-55+64.

他侬总理说，中国乒乓球代表团访泰将增进双方的了解，"对两国人民之间的关系将是有益的"①。泰国政府副总理巴博元帅等高级官员亲自接见、宴请中国乒乓球队。泰国舆论界纷纷发表文章，认为中国乒乓球队访问泰国，掀开了泰中关系的"新纪元"。

1973年10月14日，泰国爆发了大规模的学生运动，他侬军人政府垮台。泰国迈向了议会选举的民主制度。文官政府执政后，迅速调整内外政策。作为文人总理的克立·巴莫亲王认为，与中华人民共和国建交将对泰国的安全与经济发展有利。在安全方面，中国会减少对泰国共产党的援助；在经济方面，泰国可将大米、橡胶等农产品销售到中国。② 泰国政府开始考虑与中国实现关系正常化，以适应国际和地区形势的变化。

就在同一年，中东战争爆发后，中东产油国减少石油生产，提高油价，导致石油危机。缺乏石油的泰国受到影响，需要寻求新的石油来源，包括向中国购买石油。为了帮助泰国克服困难，中国以低于国际市场的价格向泰国提供原油。中国的这一行动受到泰国各界的称颂。

1974年12月6日，泰国立法会议通过了废除"革命团"53号布告的议案。这样，长期以来阻止泰国与中国进行贸易的障碍被扫除了，中泰直接进行贸易的道路畅通了，中泰两国向着关系正常化方向又迈进了一大步。1975年3月19日，泰国总理克立·巴莫在国民议会上宣布，泰国决定承认中华人民共和国，并与中国建交。泰国随即成立了一个以泰国常驻联合国代表阿南·班雅拉春为首的谈判小组，为中泰建交做准备。1975年6月中旬，泰国的谈判小组飞往北京，就中泰建交的一些技术性问题和细节与中国方面进一步磋商。

---

① [泰]旺威·帕贴努泰. 中泰友谊的缔造者——周恩来[M]. 上海：上海译文出版社，1985：42.
② 朱拉齐·钦万诺. 三十年泰中建交良友间合作情谊[M]. 曼谷：泰国外交部，2007：20.

中泰两国关系经历了曲折的发展,在两国人民的共同努力下,终于结出了友谊的硕果。1975年6月30日,泰国政府总理蒙拉差翁·克立·巴莫应中国国务院总理周恩来的邀请,对中国进行正式友好访问。毛泽东主席、周恩来总理会见了泰国贵宾。邓小平副总理同克立总理举行了会谈。1975年7月1日,周恩来总理与泰国克立·巴莫总理分别代表两国政府签署了《中华人民共和国和泰王国关于建立外交关系的联合公报》(以下简称《联合公报》),正式宣布中泰两国建立外交关系。中泰关于建立外交关系的《联合公报》作为一份政治文件解决了中泰两国发展关系中存在的一些问题,确定了发展中泰关系的基本原则,为后来中泰关系的发展指明了方向。中泰建交使昔日的对手成为睦邻友好的合作伙伴,中泰关系从此进入新的发展阶段。中泰建交在亚洲甚至在世界都产生了重要影响。

四、中泰关系的深化:从合作伙伴到全面战略合作伙伴

中泰建交以来的40年间,中泰两国始终在"和平共处五项原则"基础上发展双边友好合作关系。在两国的共同推动下,中泰关系在健康、稳步发展的同时不断提升。在中国与东盟国家关系中,中泰关系率先从睦邻友好合作关系提升到全面战略合作伙伴关系。

早在1999年2月,中泰两国就签署了《中华人民共和国与泰王国关于二十一世纪合作计划的联合声明》(以下简称《联合声明》),确定在21世纪来临之际,在共同利益和过去20多年友好关系的基础上,建立进一步拓展双方之间睦邻互信的全方位合作关系。这不但为两国关系在21世纪的发展确定了指导原则和发展方向,规划了发展蓝图,增添了新的内涵,而且在本地区产生了积极的影响,对中国与东南亚其他国家签署跨世纪双边合作文件

起到了推动作用。

2001年8月,泰国总理他信访华,在中泰两国发表的《联合公报》中,双方同意巩固中泰之间业已存在的传统友谊,并在《联合公报》中首次提出了"推进双方战略性合作"的理念。两国充分肯定和支持已签署的《中华人民共和国与泰王国关于二十一世纪合作计划的联合声明》,并一致确认《联合声明》对未来中泰关系的发展具有重要指导意义。双方表示,将采取切实措施,继续积极落实《联合声明》所制订的各项合作计划,进一步推动两国睦邻友好、相互尊重、相互信任的全方位合作关系。[①] 这是中国与东盟国家签署的第一份跨世纪双边合作文件,充分显示了中泰关系的深厚底蕴、丰富内涵和重要意义,在本地区产生了积极的影响。在中泰签署跨世纪双边合作文件的示范作用下,东盟成员国也陆续与中国签署了类似的合作协议,促进了中国与东盟国家的进一步合作。

为了使中泰两国的战略性合作关系能够实实在在地得到推行,2007年5月,中泰两国又签署了《中泰战略性合作共同行动计划》,对两国的战略性合作确定了具体目标。《中泰战略性合作共同行动计划》的签署,显示了双方加强战略性合作的共同愿望,是双方为深化两国关系采取的重大举措,为21世纪中泰关系的发展注入了新的活力和动力,保证了中泰两国的战略性合作关系能够收获具体成果。

在中泰关系健康深入向前发展的大好形势下,2012年4月19日中泰两国发表了《关于建立全面战略合作伙伴关系的联合声明》,双方决定将两国关系提升到全面战略合作伙伴关系。双方同意采取适当和必要的措施,共同推动两国全面战略合作伙伴关系不断发展。随着中泰关系从睦邻友好合作关系上升到全面战略合

---

① 中华人民共和国与泰王国关于二十一世纪合作计划的联合声明[N]. 新华社,2001-8-29.

作伙伴关系,中泰合作领域更加广泛。

自2012年两国建立全面战略合作伙伴关系以后,中泰关系进入了新的发展阶段,展现出巨大的合作潜力和更加广阔的合作前景。为了推进两国各领域务实合作,惠及两国人民,为促进本地区和世界的和平、稳定与繁荣做出贡献,2013年10月,中泰两国又发表了《中泰关系发展远景规划》。双方同意以《关于建立全面战略合作伙伴关系的联合声明》为指导,采取具体措施,落实好《中泰战略性合作共同行动计划(2012—2016)》和《关于可持续发展合作谅解备忘录》,推进各领域务实合作。《中泰关系发展远景规划》的发布,使中泰全面战略合作伙伴关系有了具体的奋斗目标,使两国能够看到未来的发展前景,把握中泰全面战略合作伙伴关系的发展方向。

从睦邻友好关系到全面战略合作伙伴关系的确立,是中泰两国始终坚持以《联合国宪章》《东南亚友好合作条约》、"和平共处五项原则"所确定的原则以及公认的国际法原则作为处理两国关系的基本准则,长期真诚相待、彼此信赖、风雨同舟、密切合作的必然发展,也是中泰传统友谊在新形势下结出的丰硕成果。中国外交部长王毅归纳的中泰关系具有的"三性",即"特殊性""稳定性""重要性",进一步显示了中泰建立全面战略合作伙伴关系有着坚实的基础。"特殊性,是指两国不仅是伙伴、朋友,还是亲戚,中泰一家亲已家喻户晓,亲戚之间应常来常往。稳定性,是指不管两国国内以及外部形势发生什么变化,中泰友好从未间断,始终保持了难能可贵的稳定发展。重要性,是指双方都把与对方的关系放在对外关系的重要位置,使中泰关系始终走在中国与邻国关系的前列,对于促进中国与东盟整体关系的发展具有示范作用。"① 总之,随着中泰全面战

---

① 王毅:中泰关系具有特殊性、稳定性和重要性[N]. 新华网,2013-5-1,http://news.xinhuanet.com/world/2013/05/01/c_115603943.htm.

略合作伙伴关系的建立，中泰关系已成为睦邻互信的典范。

中泰全面战略合作伙伴关系确立以来，中泰关系进入了新的发展阶段，展现出更加巨大的合作潜力和更加广阔的合作前景。中泰两国的政治关系更加密切，经济相互依存更加深化，文化交流更加广泛，人员往来更加频繁，合作领域更加扩大。

在政治方面，两国高层互访频繁，政治互信不断加强，在两国领导人战略引领下，双边关系迈入新时期。"中泰一家亲"已经深深扎根于两国人民的心中。正如习近平主席在北京会见泰国总理巴育时指出的，中泰两国毗邻而居，血脉相通。共建"一带一路"使两国关系好上加好、亲上加亲。[①]

作为中泰政治关系重要组成部分的中泰军事、防卫合作不断深入和扩大，不但促进了两军关系不断迈上新的台阶，而且巩固了中泰政治互信，成为推动中泰全面战略合作伙伴关系发展的重要一环。中泰两军在防务领域的友好合作既有利于两国各自的国防和军队建设，也有利于保持地区的和平与稳定。2007年两国签署《中泰战略性合作共同行动计划》以来，中泰两军领导人的互访频繁，对加强中泰两军的相互了解、相互学习，进一步密切两军的联系，巩固中泰全面战略合作伙伴关系发挥了积极作用。中泰两军开展了多领域的联合训练和演习，包括陆军特种作战部队的反恐联合训练、中国海军陆战队两栖特战分队与泰国海军进行的名为"蓝色突击—2010"的军事训练。此外，两国海军舰艇编队互访常态化。中泰还建立了防务安全磋商机制，通过这一机制，加强了中泰两军的交流与合作。近年来，中泰两国在国防工业领域的合作不断扩大。两国在防卫装备技术等领域的合作不断取得新的成就。中国为泰国军队装备的改进和提高提供了技术支持，有利于增强泰国军队的装备水平，受到泰国方面的好评。

---

① 习近平会见泰国总理巴育[N]. 人民日报，2019-4-27.

在经济关系方面，中泰两国的贸易不断扩大。中泰建交时双方的贸易额仅为 2000 多万美元，到 2018 年，双边贸易额已达 875.2 亿美元，中国已成为泰国最大的贸易伙伴，泰国是中国在东盟国家中第三大贸易伙伴。在投资方面，已从改革开放初期的泰国对华单向投资变为双向投资。截至 2019 年 5 月底，中国对泰累计直接投资额为 62.8 亿美元，泰国对华累计直接投资额为 43.2 亿美元。截至 2019 年 5 月底，中国企业在泰国共签订承包工程合同额 289.6 亿美元，完成营业额 228.5 亿美元。[1] 中国连续多年成为泰国最大的旅游客源国，2018 年，中国赴泰旅游者超过 1000 万人次，为泰国旅游业增添了发展动力。

在文化交流方面，中泰建交后，特别是进入 21 世纪以来，中泰文化交流活动之频繁、涵盖面之广、内容之丰富、人员交流之多，在中国对外关系中所罕见。以汉语教学和学汉语为中心的中泰文化交流，成为 21 世纪中泰关系中的一件盛事。随着中国经济的崛起和中泰关系的发展，近十年来泰国各界兴起了"汉语热"。上至泰国王室，下至普通百姓，许多人加入学习汉语的行列。中国在泰国一些大学中建立的孔子学院成为中泰文化交流的生力军。从 2006 年泰国第一所孔子学院建立到 2018 年，中泰合作共在泰国高校建了 16 所孔子学院，中小学建立了 13 所孔子课堂。中泰两国的留学生工作也十分活跃。2018 年泰国在中国攻读学位和短期留学的留学生超过 2 万人，而中国在泰国的留学生达到 3 万人，比 2001 年增长近十倍，中国已经成为泰国最大的留学生来源国。

总之，中泰关系已成为不同社会制度国家睦邻友好和互利合作的典范，而且中泰两国确立的全面战略合作伙伴关系把两国的

---

[1] 见中国外交部网站，2019-4-20，https://www.fmprc.gov.cn/web/gjhdq_676201/gj_676203/yz_676205/ 1206_676932/sbgx_676936/t5957.shtml.

睦邻友好和互利合作推向更高的境地。2016年，习近平主席会见泰国巴育总理时指出："中方高度重视发展中泰友好关系，愿同泰方一道，推动两国全面战略合作不断迈上新台阶。"[①] 2017年，习近平主席会见巴育总理时强调："中泰一家亲，两国人民情同手足。作为泰国的亲密友好邻邦，中方高度重视发展中泰友好关系，愿一如既往尊重泰国选择适合本国国情的发展道路，并在国际和地区事务中发挥更大作用，推动两国全面战略合作伙伴关系得到更大发展。"[②] 泰国政府总理巴育表示："泰中两国关系在双边、多边领域都非常紧密。现在是两国历史上开展友好合作最多的时期，双方在各个层级互访频繁，推动全面战略合作伙伴关系取得更大发展。"[③] 我们相信，在中泰两国高层的战略引领下，中泰全面战略合作伙伴关系的发展前景广阔。

五、结语

回顾中华人民共和国成立以来中泰关系发展的历史，我们可以看到，中泰关系经历了曲折的发展过程，两国从对手变为全面战略合作伙伴，是两国人民为之努力的结果。

毛泽东主席和周恩来总理等第一代领导人为中泰关系的发展呕心沥血，他们不但制定对泰政策，为中泰关系的发展指引方向，而且多次接见泰国各界人士，亲自做泰国人士的工作。他们是中泰建交的决策者、见证者、贡献者，他们为中泰关系发展做出的卓越贡献将永远镌刻在历史的丰碑上。我们也不会

[①] 习近平分别会见出席G20杭州峰会多国领导人[N]. 央广网，2016-9-5，http://china.cnr.cn/news/20160905/t20160905_523110965.shtml.

[②] 习近平会见泰国总理巴育[N]. 央广网，2017-9-4，http://china.cnr.cn/gdgg/20170904/t20170904_523933652.shtml.

[③] 泰总理："金砖＋"是发展中国家希望的创新模式[N]. 新华社，2017-9-6，http://www.fj.chinanews.com/news/fj_zt/2017/2017-09-06/389399.html.

忘记泰国的一批友好人士为中泰建交和中泰关系的发展做出的贡献。

今天，由中华人民共和国的第一代领导人亲手建立的中泰关系，已经结出丰硕成果，中泰两国已建立全面战略合作伙伴关系，中泰两国应为维护这一来之不易的成果共同努力。

还应该指出的是，毛泽东主席、周恩来总理对泰国、对发展中泰关系的一系列讲话高瞻远瞩，意义深远。其中谈到中国与对方发展关系时，要充分考虑对方国情，照顾对方利益，考虑对方困难，有误会慢慢解释，不急于求成；国家不论大小应该一律平等；对邻国要坦诚相见，不搞当面一套，背后一套；教育华侨守法，遵守居留国法律等内容。这些内容已经成为毛泽东外交思想的一部分，今天仍然具有现实意义，是我们发展对外关系的指导原则。

泰国旅客选乘中泰高铁的期望与行为研究

常翔[1]　Wirun Phichaiwongphakdee[2]

(1. 玉林师范学院泰国研究中心；
2. 泰国国家研究院泰中战略研究中心)

摘要：中泰两国于2017年9月4日正式签订中泰高铁开发项目合同，中泰高铁一期工程(曼谷—呵叻段)于2017年12月21日开工建设。中泰高铁首段建成后，将成为连接曼谷与呵叻的高速陆上大通道。同时曼谷—呵叻段高铁的运营，也将成为中泰高铁二期工程(呵叻—廊开)合作的重要指引。本文通过对泰国旅客选乘中泰高铁的动机与行为进行研究，重点研究中泰高铁的使用人群、使用期望和使用行为，为读者了解中泰高铁的建设情况提供参考。

关键词：泰国高铁；旅客；顾客期望；选乘行为

2013年习近平主席提出"一带一路"倡议以来，中国与泰国围绕"五通"的深层次双边合作不断加强。中泰高铁已经成为中泰两国"加强道路联通"合作的重点工程。中泰高铁建成后，将成为泰国连接曼谷和东北部地区的高速陆上大通道，同时也将成

作者简介：常翔，玉林师范学院泰国研究中心副主任，泰国国家研究院泰中战略研究中心(TCRC)研究员。Wirun Phichaiwongphakdee(泰国)，玉林师范学院泰国研究中心特聘研究员，泰国素叻他尼皇家大学讲师。

为泛亚铁路网中连接中国与中南半岛的重要中继线路。

但应该看到，中泰高铁项目立项过程中，由于泰国政府缺乏统筹规划和统一认识、泰国法律程序方面的障碍以及泰国朝野在主观认识上的障碍，导致中泰高铁项目发展经历了一波三折。[①]中泰高铁正式开工建设后，泰国社会舆论对中泰高铁的质疑声也并未停息。中泰高铁项目的成功与否，不仅将影响泰国国内交通运输基础设施建设，还将对泛亚高铁东南亚段总体规划以及中国高铁全球合作范式造成深远影响。

因此，本文针对泰国社会舆论对中泰高铁旅客期望和旅客选乘方面的疑虑，通过定量研究和定性研究相结合的方式，对泰国旅客选乘中泰高铁的期望与行为进行研究。

一、中泰高铁项目的发展及问题的提出

泰国铁路发展缓慢，2012年泰国铁路总里程数仅为4034公里。英拉政府时期首次正式提出高铁发展规划，并于2011年12月22日与中国签署《中华人民共和国政府和泰王国政府关于可持续发展合作谅解备忘录》，确立中泰两国共同发展高速铁路和其他铁路系统的合作。2014年4月19日，中泰两国政府发表《中华人民共和国和泰王国关于建立全面战略合作伙伴关系的联合声明》[②]，该声明确立了中泰两国全面战略合作伙伴地位，再次确认了《中华人民共和国政府和泰王国政府关于可持续发展合作谅解备忘录》中关于中泰共同发展高速铁路的内容，并强调中泰高速铁路合作是推动全面战略合作伙伴关系发展的必要措施。

[①] 常翔，张锡镇. 中泰高铁项目一波三折的原因分析[J]. 东南亚纵横，2018(2)：46-53.
[②] 中华人民共和国和泰王国关于建立全面战略合作伙伴关系的联合声明[N]. 外交部，2019-1-10，https://www.mfa.gov.cn/mfa_chn//ziliao_611306/1179_611310/t924487.shtml.

(一)中泰高铁合作项目的发展与确立

英拉政府随后就中泰高铁合作与中国展开磋商,并于 2013 年 10 月 11 日与中国签署《中华人民共和国政府与泰王国政府关于泰国铁路基础设施发展与泰国农产品交换的政府间合作项目的谅解备忘录》,并发表《中泰关系发展远景规划》[①],其中中国确认将参与泰国廊开至帕西高速铁路项目,并根据备忘录内容确立以泰国农产品交换中国高铁项目建设的模式。与此同时,英拉政府在国会下议院积极推动包含高铁项目建设的《2.2 万亿基础设施建设议案》,但最终议案规划部分审议通过,而议案预算部分未获得通过,导致中泰高铁项目停摆。

2013 年年底,英拉政府开始陷入执政危机,2014 年 5 月 22 日泰国陆军总司令巴育·占欧差发动政变,暂停英拉政府时期的政策和议案,并在随后宣布停止英拉政府时期的中泰高铁项目。

泰国国内局势稳定后,巴育政府开始重启中泰高铁合作项目,并于 2014 年 12 月 19 日签署《中泰铁路合作谅解备忘录》,确立泰国将在《泰国交通运输基础设施战略(2013—2022)》框架下与中国开展高铁合作。2016 年 3 月 23 日,中泰两国通过谈判达成共识,中泰高铁全长 252.3 公里,设计最高时速为 250 公里。2017 年 9 月 4 日,中泰双方签署了中泰铁路合作项目一期工程(曼谷—呵叻段)详细设计合同(2.1 合同)和施工监理咨询合同(2.2 合同)。2017 年 12 月 21 日,中泰双方举行中泰铁路合作项目一期工程开工仪式,这标志着中泰高铁正式进入施工建设阶段。

(二)中泰高铁线路设计与运营规划

泰国高铁合作项目(曼谷—廊开)全长 606.4 公里,其中一

---

① 中泰关系发展远景规划[N]. 新华网,2019-1-10,https://www.mfa.gov.cn/mfa_chn//ziliao_611306/1179_611310/t924487.shtml.

期工程（曼谷—呵叻）252.3 公里，二期工程（呵叻—廊开）全长354.1 公里，建成后将与老挝首都万象市内高铁相连接，进而与老挝、中国高铁网络联网。高铁项目采用 1.435 米标准轨，设计最高时速为 250 公里。

中泰高铁一期项目途径 5 个府，包括曼谷市、巴吞他尼府、大城府、北标府和呵叻府，共设置 6 个车站，包括邦素站、廊曼站、大城站、北标站、巴冲站和呵叻站。二期项目目前正在规划中，预计设置 5 个车站。

中泰高铁一期项目中，计划车辆将经停所有 6 个车站，停车时间为 2 分钟，全程运行时间为 1 小时 30 分钟。高铁服务时间是06:00—22:00，每天共 16 个小时。中泰高铁在 2021 年建成通车后，根据规划将有 11 列高铁列车投入曼谷—呵叻段高铁的运营，发车频率为 90 分钟一列。

中泰高铁列车采用中国"复兴号"列车组，每列车厢共计 600 个座位。泰国交通运输部预测，2021 年中泰高铁一期项目通车后，每天运送旅客数量将达到 5410 人，并在 2031 年达到每天运送旅客 16620 人。

中泰高铁采取综合计价方式计算票价，高铁起步价为 80 泰铢，每公里计价 1.8 泰铢。根据交通运输部规划，中泰高铁在 2021 年投入运营后，曼谷到呵叻府的票价为 535 泰铢，此后每 5 年调整一次票价，增幅为 15%。[①]

（三）中泰高铁项目工程进度

中泰高铁项目一期工程土木工程被划分为 14 个区段，工程整体造价 1100 亿泰铢，2023 年全面竣工。截至 2019 年 3 月，实际

---

① โครงการความร่วมมือระหว่างรัฐบาลแห่งราชอาณาจักรไทยและรัฐบาลแห่งสาธารณรัฐประชาชนจีนในการพัฒนาระบบรถไฟความเร็วสูง เพื่อเชื่อมโยงภูมิภาคช่วงกรุงเทพมหานคร-หนองคาย (ระยะที่ 1 ช่วงกรุงเทพมหานคร-นครราชสีมา).กระทรวงคมนาคม. http://complain.mot.go.th/prproject/files_upload/publishonweb/ข้อมูลโครงการพัฒนาระบบรถไฟความเร็วสูง.pdf.

招标完成和动工建设的项目仅为其中的 2 个区段。其中包括：

中泰高铁项目一期工程港东（Klang Dong）—邦阿索（Pang Asok）区段，全长 3.5 公里，于 2017 年 12 月 21 日开工建设，标志着中泰高铁项目已经从项目设计阶段进入项目施工阶段。截至 2019 年 3 月，已经完成 45%的工程量。

中泰高铁项目一期工程四球（Sikhiu）—松能（Sung Noen）区段，全长 11 公里，已经完成招标，从 2019 年第二季度正式开始施工。

根据泰国总理府公布的消息，中泰高铁项目一期工程在 2019 年全部招标完成，并于当年全部开工。

（四）泰国社会对中泰高铁的质疑

泰国社会一直以来对中泰高铁项目存在不同意见。反对者对中泰高铁项目提出多方面的反对意见：在国家发展理念方面，认为中泰高铁项目政府花费巨大，不符合适足经济理念；在政治方面，认为中泰高铁项目将导致泰国主权独立遭到挑战[①]；在经济方面，认为项目投资收益有限，政府资金入不敷出导致财政赤字增加；在项目设计方面，认为高铁速度存在性能富余，且缺乏与之配套的公共交通系统，乘客不会选择高铁出行。

与此同时，中泰高铁项目设计和运营方面也遭到反对者质疑，其中主要包括以下几个方面：①泰国家庭汽车拥有量较高，且现有公路网络设施完善，自驾车出行是民众习惯性首选的出行方式；②泰国城际公共交通网络便利，拥有廉价航空、长途客车、面包车、火车等交通方式，公共交通运输市场相对饱和；③高铁速度性能富余导致服务提供价格相对较高，民众更愿意选择性价比高的交通方式；④泰国曼谷以外地区缺乏公共交通系统，高铁车站

---

① "ทวี มีเงิน,ไทยกำลังจะเป็น "มณฑล"ของจีน,ข่าวสดรายวัน,วันที่ 01 มีนาคม พ.ศ. 2559. https://www.khaosod.co.th/view_newsonline.php?newsid=1456746875，2019 年 1 月 10 日。

数量有限，连通性和换乘便捷性较差；⑤泰国政府目前对东北部高速公路、复线铁路的投入增加，高铁速度上的竞争力不高。

综上所述，反对者认为，泰国民众对乘坐中泰高铁的热情不高，基于出行便利和价格等因素考虑，选择乘坐中泰高铁的乘客数量有限，最终导致中泰高铁车票收入较低，项目持续亏损。

反对者针对中泰高铁项目运营的质疑，导致泰国政府和社会舆论对中泰高铁项目是否真正符合泰国旅客期望、正式运营后旅游流量是否能够达到既定目标产生疑虑，进而对中泰项目产生怀疑。泰国旅客是否认可和选择乘坐中泰高铁，不仅将影响高铁一期工程运营，而且也成为泰国评判中泰高铁项目是否成功的检验标尺。

因此，本文对中泰铁路一期工程沿线（曼谷—呵叻）交通线路上的旅客进行问卷调查，通过对泰国旅客个人因素、选择动机、选择行为方面进行研究，了解选择中泰高铁旅客的群体特征、顾客期望、使用习惯，确定泰国旅客对中泰高铁的实际期望情况。同时结合对中泰高铁项目主管机构人员的访谈及项目建设的实地考察，本文将对中泰高铁第一期项目运营和第二期项目设计提出建议。

二、研究思路、研究方法与数据收集

本文采取量化研究和质化研究相结合的方式进行。量化研究：通过抽样调查法进行研究，主要通过个人因素、顾客期望和顾客行为三个方面的数据收集，通过数据分析确定未来在中泰高铁建成后，选乘中泰高铁的使用人群、使用期望和使用行为。质化研究：通过小组访谈法进行研究，主要通过旅客对中泰高铁的了解程度、对中泰高铁项目的看法以及期望获得服务的内容，明确旅客期望和行为对未来选乘中泰高铁的影响。

(一)理论基础

1. 公共交通期望理论

根据维坎·维奇克(Vukan R.Vuchic,2002)的公交系统期望理论[①],公交系统的期望可以分为3类:需要物美价廉服务的乘客、提供服务的公交系统运营商和作为利益相关群体的社区。其中,乘客是最重要的群体,乘客总是希望以最小的花费获得最优质的服务。乘客的这一特性,将影响乘客对交通运输方式的选择。乘客对于公共交通服务的期望包括:

(1)可获得性。可获得性包括空间上的可获得性和时间上的可获得性。公共交通站点必须接近乘客出发地或目的地,且有足够的运营时间。

(2)发车频率。发车频率是旅客选乘的重要影响因素之一,乘客不喜欢长时间的等待,稳定的发车频率是成为通勤交通的重要条件。

(3)准时性。准时性与交通工具的路权相关,而轨道交通的准时性较高。

(4)速度。公共交通运营速度与乘客出行时间具有明显关联性,公共交通运行速度以外的服务特性,都会影响到运行时间。

(5)舒适性。舒适性包括物理因素和心理因素两个方面。其中物理因素包括步行距离、车辆外观、座位舒适度等多种因素,心理因素由美学元素、清洁度、公交系统形象等多方面组成。

(6)便利性。便利性是决定乘客舒适性的主要因素之一。便利性包括多方面,如多样的替代出行方式、容易获得和理解的系统信息、规律的发车时间等。

---

① [美]维坎·维奇克. 城市公共交通、运营、规划与经济[M]. 下册. 北京:中国铁道出版社,2012:270-276.

(7) 安全性。安全性包括车辆的安全运行、车站和站点的周到设计、方便的候车和良好的发车控制保障等因素。

(8) 出行费用。出行费用与提供服务的价值符合，乘客愿意接受费用。同时，旅客对于现款的支付比间接成本更加敏感。公共交通成本应该要比私家车自驾的边际成本更有竞争优势。

2. 顾客期望理论

顾客期望是顾客对即将发生的服务交互过程或服务交易所作的预测。顾客期望是由顾客定义的，是顾客参与某种服务行为时，对正面的结果与负面结果出现概率的定义。

顾客期望理论最早由奥利弗(Oliver, 1980)提出。顾客期望是指顾客在计划购买某件物品前，个人内心对企业提供的产品或服务的一种期待。帕拉修曼、赞天姆和波利(Parasuranman, Zeithaml, Berry, 1991)提出容忍区域理论(Zone of Tolerance)，并提出顾客期望值分为两个部分：理想服务(desired service)和适当服务(adequate service)[1]。他们认为，在容忍区域内的企业应该提升服务质量，达到理想服务水平。

卡诺(Noritaki Kano, 1984)提出顾客期望模型，认为顾客期望分为基本期望、期望型期望和兴奋期望。[2] 于君英、徐明(2001)提出顾客期望理论，认为顾客期望分为基本期望、价格关联期望和超值满足期望。基本期望，是指顾客认为服务组织至少应该提供的服务功能，又可以称为理所当然的服务质量特性。价格关联期望，这种期望高低和顾客消费支出档次的高低相关联，顾客支出的越多，其期望越高，反之亦然。超值满足期望，这类期望是指顾客希望得到额外收获、额外满足的要求，

---

[1] Parasuraman, A · Leonard L. Berry, Valarie A. Zeithaml. Refinement and Reassessment of the SERVQUAL Scale. Journal of Retailing, 1991, P.67.
[2] 林志航. 计算机辅助质量系统[M]. 北京：机械工业出版社，1998：28-32.

如果服务没有提供满足这类期望的服务，顾客不会感到不满意，但一旦提供了满足顾客这类期望的服务，顾客往往就会格外地满意，甚至喜形于色。①

（二）研究思路

本文对泰中旅客选乘中泰高铁的动机与行为研究思路见图1。

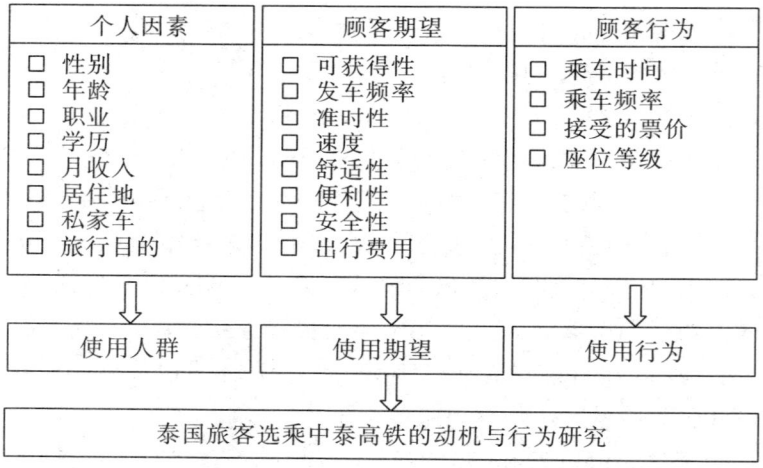

图1　研究思路

（三）研究样本

本文研究样本是2018年7月10日至8月30日期间选用泰国曼谷—廊开复线铁路的旅客。泰国国家统计局公布的数据显示，2016年泰国东北部铁路（曼谷—廊开）线路运送旅客人次为

---

① 于君英，徐明. 服务业顾客期望层次论[J]. 东华大学学报（自然科学版），2001，27（4）：48-51.

5807041人次[①]。根据(Taro Yamane)抽样方式，抽样选取的样本数量为500份，最终本文选取的样本数量为448份。

(四)研究工具

本文采用问卷调查作为工具，综合顾客期望理论、顾客行为理论和文献综述。设计的问卷调查共分为3个部分。

第一部分，个人因素。此部分包括8个问题：性别、年龄、职业、学历、月收入、居住地、私家车、旅行目的。问题设计采用选择式封闭式问题。

第二部分，使用期望。根据维坎·维奇克公交系统期望(Vukan R. Vuchic)理论，此部分共包括8个问题：可获得性、发车频率、准时性、速度、舒适性、便利性、安全性、出行费用。问题设计采用李克特量表(Likert scale)，分数分别代表旅客对高铁的期望值：1分为最低，2分为低，3分为一般，4分为高，5分为最高。测量尺度通过平均值来确定，最高分数为5分，最低分数为1分，因此测量尺度为0.80分。

测量尺度中，平均值1.00~1.80表示期望值最低，平均值1.81~2.60表示期望值较低，平均值2.61~3.40表示期望值中等，平均值3.41~4.20表示期望值较高，平均值4.21~5.00表示期望值最高。旅客对中泰高铁的期望程度，通过期望平均值与测量尺度的比较进行计算。

第三部分，使用行为。此部分包括4个问题：乘车时间、乘车频率、接受的票价、座位等级。问题设计采用选择式封闭式问题。

[①] จำนวนผู้โดยสาร และรายได้จากการโดยสารรถไฟ จำแนกตามชั้นการโดยสาร ปีงบประมาณ 2552-2559. http://statbbi.nso.go.th/staticreport/page/sector/th/15.aspx.

(五)数据收集

本文研究团队在泰国曼谷—廊开复线铁路沿线发放调查问卷,包括华南蓬火车站、呵叻火车站、廊开火车站,以及在曼谷—廊开第75号列车和曼谷—呵叻第145号列车上发放调查问卷。发放问卷过程中,采用立意抽样(purposive sampling)的方式选择样本,样本为使用曼谷—廊开铁路线路的旅客。共发放调查问卷500份,回收问卷471份。经过筛选剔除23份,最终的可用的问卷调查数量为448份。

数据收集过程中,调查问卷碰到以下困难:①华南蓬车站样本分辨较为困难。发放调查问卷过程中,采用立意抽样的方式,但泰国华南蓬火车站有统一的候车大厅,选择使用曼谷—廊开复线铁路的旅客较为困难。发放和回收调查问卷只能在开车前的站台上进行,较短的时间限制了在华南蓬火车站发放调查问卷的数量。②样本受教育程度存在差异。火车并非泰国主流的出行方式,复线铁路票价较低,吸引较多低收入、低教育水平群体乘坐。部分样本并没有接受教育,需要辅助理解问卷问题,导致样本对问卷中问题的理解存在较大差异,这部分样本已经被剔除。③样本多样性不足。调查问卷的语言为泰语,但在选择样本的过程中发现,选择乘坐曼谷—廊开复线铁路的旅客中包含部分西方游客和东盟其他国家的旅客,他们由于问卷调查语言无法填写问卷调查,导致问卷调查的样本多样性存在一定的不足。

(六)数据分析

数据分析使用 SPSS 系统,通过百分比、平均数、频率和标准差来分析数据间的相关关系。其中,个人因素通过频率进行描述分析,通过单因素方差分析(One Way Anova)分析个人因素与选乘中泰高铁的相关性。顾客期望通过频率和排名进行分析描述,通过平均数排名情况了解样本对中泰高铁期望的方面和层次。顾客行为通过频率进行分析,通过频率了解样本预期使用中泰高铁的行为。

三、数据分析及总结

本文数据样本共 448 份,调查分为 5 个部分,包括样本个人因素、样本未来选乘高铁的情况、样本个人因素对选乘高铁的影响、样本的顾客期望和样本的顾客行为。

(一)样本个人因素情况

本文对样本进行描述性统计,通过样本频率对样本总体情况进行描述,样本个体情况如表 1 所示。

表 1 样本个人因素

个人因素	百分比(%)	个人因素	百分比(%)
性别		月收入	
男性	48.7	少于 10000 泰铢	27.2
女性	51.3	10000~20000 泰铢	34.2
年龄		20001~30000 泰铢	27.7
小于 20 岁	5.4	30001~40000 泰铢	5.1
21~30 岁	34.8	40001~50000 泰铢	4.5
31~41 岁	28.6	超过 50000 泰铢	1.3
41~50 岁	18.5	居住地	
51~60 岁	7.8	中泰高铁沿线	34.4
60 岁以上	4.9	非中泰高铁沿线	65.6
职业		私家车	
自由职业	57.4	拥有私家车	66.7

续表1

个人因素	百分比(%)	个人因素	百分比(%)
学生	10.9	未拥有私家车	33.3
农民	6.7	旅行目的	
工人	3.1	工作	6.3
经营者	2.5	商务	9.6
私企职员	4.0	旅游	15.6
国企职员	15.4	访问(探亲)	62.1
教育		教育	3.6
学士学位以下	75.9	购物	1.8
学士学位	21.4	其他	1.1
硕士学位	2.7		
样本数量=448人			

(二)样本选乘高铁期望

根据表2,样本选乘高铁的平均数为3.67,显示泰国旅客选乘高铁有较高的期望。未来中泰高铁正式开通后,目前选择乘坐复线铁路的旅客,将转而选乘中泰高铁。

表2 样本选乘高铁期望

选乘高铁情况	平均数	标准偏差	趋势
选择乘坐高铁	3.67	1.524	选乘趋势较高
样本数量=448人			

(三)样本个人因素对选乘高铁的影响

根据表3,旅客月收入的显著性为0.021,"月收入与选乘高铁不存在显著差异"的假设属于小概率事件,证明月收入与选乘高铁有明显的关联性。多重比较(LSD)结果显示,月收入50000泰铢以上样本与其他组样本有显著性差距,选乘高铁的可能性较高。

表 3　个人因素对选乘高铁的影响

样本	分析模型	F 值	P 值
性别	单因素 ANOVA	0.755	0.385
年龄	单因素 ANOVA	0.806	0.545
职业	单因素 ANOVA	0.589	0.739
教育	单因素 ANOVA	0.445	0.641
月收入	单因素 ANOVA	2.694	0.021
居住地	单因素 ANOVA	1.112	0.292
私家车	单因素 ANOVA	0.127	0.721
旅行目的	单因素 ANOVA	0.591	0.738

样本数量=448 人

(四)样本的顾客期望

根据表 4，旅客对中泰高铁"出行费用"方面期望值最高，对"发车频率"期望值较高，对"可获得性""速度""舒适性"期望值中等，对"准时性""便利性"和"安全性"期望值较低。

表 4　样本的顾客期望

样本期望	平均数	标准偏差	期望值
可获得性	2.97	0.941	中等
发车频率	3.49	1.250	较高
准时性	2.52	1.349	较低
速度	3.31	1.422	中等
舒适性	2.67	1.078	中等
便利性	2.55	0.991	较低
安全性	2.38	1.103	较低
出行费用	4.46	0.959	最高

样本数量=448 人

(五)样本的顾客行为

根据表 5,旅客未来选乘中泰高铁的行为中,6:01—9:00 时间段、每年乘坐 1 或 2 次、接受票价在 401~600 泰铢、选择座位等级为二等座的选乘中泰高铁的旅客最多。

表 5 样本的顾客行为

顾客行为	百分比(%)	顾客行为	百分比(%)
乘车时间		接受的票价	
6:01~9:00	48.9	少于 200 泰铢	15.6
9:01~12:00	26.8	201~400 泰铢	8.5
12:01~15:00	14.3	401~600 泰铢	53.1
15:01~18:00	5.1	601~800 泰铢	21.0
18:01~21:00	4.0	801~1000 泰铢	0.4
21:01~24:00	0.9	超过 1000 泰铢	1.3
乘车频率		座位等级	
1~2 次	73.4	二等座	94.2
2~4 次	20.5	一等座	4.9
4~6 次	4.7	商务座	0.9
6 次以上	1.3		
样本数量=448 人			

(六)数据的解读与总结

综上所述,泰国旅客的月收入与选乘高铁间有明显的关联性,其中月收入在 50000 泰铢以上的旅客选择乘坐高铁的可能性较高。性别、年龄、职业、教育、居住地、是否拥有私家车和旅行目的对于选乘高铁没有显著的关联性。以下是在几个车站的调查与访谈。

(1)廊开火车站(Nong Khai Station)的小组访谈(focus group)

中,旅客了解中泰两国正在开展中泰高铁项目,以及了解中泰高铁是连接曼谷到廊开的高速铁路。但旅客大多数没有乘坐高铁的经历,对于高铁的了解相对有限,不能够明确区分乘坐高铁和普通火车感受的差异性。部分旅客以泰国目前窄轨火车作为参照物,认为"高铁只是速度较快的火车""飞机相对于高铁能够提供更好的服务,更加舒适""高铁速度太快,坐在车上不安全"。乘客对于高铁了解程度较低,导致对于高铁的选择中好奇心成为主要影响因素。不过,月薪较高的乘客更容易接受泰中高铁(曼谷—呵叻)535泰铢的票价,相对目前曼谷—呵叻列车特快或者卧铺的票价差距不大,这也是月薪在50000泰铢以上的旅客选择高铁可能性较高的原因。

表格6 曼谷—呵叻窄轨客运列车票价

车号	类型	二等票价格(泰铢)
21	SPECIAL EXPRESS	425
135	RAPID	165
71	EXPRESS	325
145	RAPID	165
77	EXPRESS	325
139	RAPID	165
23	SPECIAL EXPRESS(卧铺)	715
67	EXPRESS(卧铺)	525
141	RAPID	165
	平均票价	331

资料来源:泰国铁路车票网(Thairailwayticket.com)

泰国旅客未来选择高铁的平均数为3.67,位于平均值3.41～4.20区间,显示泰国旅客对未来乘坐高铁的期望值较高。旅客对高铁的期望方面,旅客对"出行费用"方面期望值最高,显示"出行费用"对旅客的影响程度较高。

(2) 呵叻火车站(Nakhon Ratchasima)的小组访谈中，旅客认为出行费用是选择交通方式优先考虑的因素，对出行时间没有迫切期望的情况下，更愿意选择票价更低的交通方式。呵叻距离曼谷的距离属于中近距离，高铁的速度优势节约的时间相对于长途汽车和面包车来说并不明显，相差 1~1.5 小时，且目前全新曼谷-呵叻高速公路正在修建，将进一步缩短时间上的差距。如果考虑到在公共交通系统不完善的目标城市的通勤，高铁效费比优势并不高，现阶段旅客更愿意在中近距离选择自驾车。

泰国旅客对中泰高铁"出行费用"方面期望值最高，平均数为 4.46；对"发车频率"期望值较高，平均数为 3.49；对"可获得性""速度""舒适性"期望值中等，平均数为分别为 2.97、3.31、2.67；对"准时性""便利性"和"安全性"期望值较低，平均数为 2.52、2.55、2.38。

(3) 华南蓬火车站(Hualamphong Train Station)的小组访谈中，旅客认为曼谷市的车站或机场与城市公共交通系统缺乏有效的链接，起降国内航班为主的廊曼机场和东北部线路客车集散的摩奇车站(Mo Chit)并没有轻轨(BTS)或地铁(MRT)线路直达，且地处交通拥堵地区。华南蓬火车站是地铁(BTS)的始发站，因此从曼谷市内前往华南蓬火车站较为便利。如果要打造以曼谷为中心的"高铁生活圈"，那么高铁的发车时间应该提前，这样可以让在曼谷工作的乘客可以选择呵叻居住，并选用中泰高铁通勤。目前 6:00—22:00 的高铁运行时间，发车间隔为 90 分钟，最早一班高铁到达曼谷后已经接近 7:30，再加上换乘其他交通，显然无法满足外府到曼谷上班通勤的期望。旅客希望中泰高铁能够提高速度，真正让呵叻府成为"曼谷 1 小时高铁经济圈"。

泰国旅客未来选乘中泰高铁的调查中，6:01—9:00 和 9:01—12:00 这两个时间段选择使用高铁的旅客数量最多，达到 75.7%。但选择晚间使用高铁的人数较少，18:01—21:00 下班回家时间选择乘坐高铁的旅客数量仅为 4.0%，显示旅客选择高铁作为工作通勤工具仍然较少。旅客目前选乘窄轨铁路列车的旅行目的集中在旅游和访问（探亲）方面。根据华南蓬火车站（Hualamphong Train Station）的小组访谈显示，在旅客实际接触和体验中泰高铁，认识到高铁是提升生产效率的工具，且政府机构和企业完善乘坐高铁的内部报销标准前，在"工作"和"商务"活动中愿意选乘高铁的人数仍然较少。未来中泰高铁开通的一段时间内，泰国以旅游和访问（探亲）为目的选乘高铁的旅客仍然会占大多数。

泰国旅客每年乘坐 1 或 2 次和 2～4 次高铁的数量最多，达到 93.9%。泰国东北部与曼谷间的人口流动有明显的特征，正常工作日曼谷与东北部地区公共交通的客流量较低，但泰国宋干节、新年假期期间客流量明显上升。呵叻火车站（Nakhon Ratchasima）的小组访谈中，旅客在工作日往返曼谷和呵叻，偏向于选择灵活性较高的私家车自驾，但假期则更愿意乘坐公共交通工具，特别是火车。泰国假日期间曼谷到东北部公路交通拥堵、交通事故率飙升，旅客认为火车相较于私家车自驾安全性更高。

泰国旅客在选乘高铁的调查中，对于高铁票价（出行费用）的关注度较高，能够接受 401～800 泰铢票价的旅客数量最多，达到 73.1%。无论是在华南蓬火车站、呵叻火车还是或廊开火车站的小组访谈都显示，旅客能够接受高铁票价高于目前窄轨列车。旅客通过媒体对中国高铁有一定程度的了解，认为乘坐中泰高铁舒适性和服务附加属性要远高于窄轨列车。但考虑到票价因素，旅客在初次乘坐高铁时，更愿意选择最低价的车票，这与调查问卷中 94.2%的民众选择二等座相符合。

三、总结与建议

中泰高铁是中泰两国在"一带一路"背景下开展"基础设施

联通"合作中的重点政府间合作(G2G)大型项目。"中泰高铁项目"建成后将形成"中老泰"陆上高铁大通道,这将为"中国—中南半岛经济走廊"的发展,以及"澜沧江—湄公河合作"的平台提供强有力的支撑。泰国国内方面,中泰高铁也将成为连接曼谷和东北部地区的高速通道,并与正在筹建的泰国东部经济走廊高铁和规划中的北部、南部高铁共同组成泰国国内高铁网络。

"中泰高铁项目"目前的合作模式中,中方负责详细设计、施工监理咨询、高铁系统和人员培训,泰方负责中泰高铁具体施工和运营。泰国旅客是否愿意选乘高铁,是对中泰高铁设计和运营的检验,同时也是评估中泰高铁项目成功与否的重要标准。中泰高铁一期工程(曼谷—呵叻)的运营效果,不仅将直接影响中泰高铁二期工程(呵叻—廊开)的开发,以及泰国未来国家整体高铁发展规划,而且还将对中国与东南亚其他国家的高铁合作产生溢出效应。因此,中泰双方应该重视泰国旅客对中泰高铁的期望与行为,及时调整中泰高铁的设计和运营方案。根据对泰国使用东北部窄轨列车旅客的调查问卷和小组访问,研究者对中泰高铁的建议如下。

(一)加强政策沟通,深化双边合作

中泰两国高铁合作不应该局限于中泰高铁项目的合作,应该加强彼此高铁发展理念和发展规划的沟通。中国在高铁方面具有先发优势,中国从 2008 年就建成第一条具有自主知识产权、国际水平的高速铁路"京津城际铁路",至今已经有十多年的高铁发展和使用经验,基本建成"四纵四横"的高速客运专线。2008 年中国国家发展改革委、交通运输部、中国铁路总公司联合发布的《中长期铁路网规划》中,提出中国未来"八纵八横"高速铁路网络的蓝图。高铁对中国区域经济和社会发展的影响逐渐显现,高铁"时空压缩效应"的影响下,中国城市空间结构、产业结构、人口结构、城市建设等方面都发生了巨大的变化。中国应该多向泰国展示中国国家高铁发展的创新理念，以及先进的高铁使用经验，加强与泰国政府相关机构的长效沟通，为泰国有效开发和利用高铁提供帮助。

(二)确立整体规划，推动配套建设

目前泰国仍然缺乏整体高铁发展规划，曼谷—清迈高铁线路计划使用日本新干线技术和日本高铁标准，东部线路和南部线路的高铁技术标准也仍未确定。泰国缺乏长期整体性高铁发展规划，将导致泰国高铁系统难以相互兼容，使高铁的便利性和安全性降低。

泰国政府在高铁总体规划下，应该积极推动高铁配套设施建设和积极挖掘高铁经济拉动潜力；同时应该举办有关中泰高铁项目听证会，了解社会各界对中泰高铁运营的意见和建议，并共同推动高铁车站周边区域和高铁沿线的商业开发。

"中国—老挝"高铁开通和联网后，老挝首都万象将获得高铁带来的大量人员流动红利。泰国中央政府应该与地方政府协调，加快推动与万象接壤的"泰国—老挝"边境的"廊开经济特区"的筹备与建设，并给予更多的政策优惠，使泰国的经济特区能够与"高铁经济圈"相结合，获得更大的效益。

泰国高铁沿线的地方政府应该努力推动高铁总体规划，将城市公共交通系统与高铁站相连接，并推动高铁站周边的公共设施建设。

(三)推动高铁推介，加深了解程度

目前泰国社会舆论对于中泰高铁仍然停留在修建高铁的必要性和可行性的讨论上，对于高铁的商业价值和社会价值的讨论仍然较少。泰国政府相关部门应该鼓励相关机构、企业举行高铁推

介会，向泰国业者和民众详细介绍中泰高铁的优势，以及所提供的服务。

泰国交通运输部、商务部等各相关机构，应该通过新闻发布会、研讨会和圆桌会议等方式，向社会说明中泰高铁的商业价值，包括综合开发规划和盈利模式，消除此前"中泰高铁车票收入少导致亏本""中泰高铁侵占泰国土地""中泰高铁贷款导致财政赤字暴增"等误解，让社会舆论能够真正关注"中泰高铁商业圈"，以及中泰高铁推动区域平衡发展和消除贫困的作用。

泰中高铁目前仍然在建设中，泰国社会对高铁的了解程度十分有限，大多数民众并没有乘坐高铁的经历，因此对于高铁的速度、舒适性和安全性等指标并没有实际体验，导致高铁潜在使用人群（以工作和商务为旅行目的的旅客）在现阶段选乘中泰高铁的意愿较低。泰国国内游客和外国游客未来也将成为中泰高铁的主要客源，因此未来泰国旅游局应该加强在泰国国内外的中泰高铁推介活动，让更多游客了解中泰高铁信息。

（四）重视旅客行为，制订运营方案

泰国负责高铁运营的机构或公司，应该制订明确的高铁运营方案，应该明确泰中高铁的市场定位，并与复线窄轨铁路建立不同的目标用户群体。

泰国在轨道交通服务定位不明确的问题上已经有前车之鉴，曼谷连接素万那普机场的机场快线（express Link）运营失败就是值得思考的案例。同样是从玛卡森（Makkasan）前往素万那普国际机场的轻轨线路，国家铁路总署在运营中设计两条线路：一条是需要经停 5 个站的城市线（City Line），一条是不经停各站点的机场快线。最初设计是希望前往机场的游客乘坐机场快线直达机场，城市线给沿途居民使用，但最终由于 2 条轻轨线路完全相同，时间不存在明显的差异性，城市线的发车频率更快且票价仅是机场

快线的 1/2，因此绝大部分旅客选择乘坐城市线，导致机场快线亏损严重被迫关闭。

目前泰国为提高窄轨铁路的运行效率和运行速度，正在将曼谷—廊开的单线窄轨铁路升级为复线窄轨铁路，建成之后，曼谷—廊开的客、货列车运行时间将大幅缩短。复线窄轨铁路的修建，使得选乘中泰高铁的时间敏感度低、中低收入的乘客被大量分流，也使得中泰高铁的运营遭到挑战。

本文对泰国旅客选乘中泰高铁的动机与行为进行研究，希望能够为中泰两国共同开发和利用高铁，推动中泰两国深化"政策沟通"和"设施联通"合作提供参考。

"一带一路"倡议背景下的中泰贸易

蒙翡琦[1]　漆芮[2]

(1. 广西民族大学东盟学院;

2. 广西民族大学附属中学)

摘要: "一带一路"倡议是涉及众多国家和地区,惠及约40多亿人口的伟大倡议。在此背景下中泰双边贸易将提升到一个崭新的高度,进入全新的发展时期。本文旨在通过分析中泰贸易发展现状与存在的阻碍和问题,分析相关原因,提出解决问题的建议,得出在"一带一路"倡议背景下中泰贸易将迎来巨大发展的结论。

关键词: 一带一路; 倡议; 中泰贸易

2013年9月习近平主席出访哈萨克斯坦时提出了建设"丝绸之路经济带"倡议。同年10月习近平主席出访印度尼西亚提出建设"21世纪海上丝绸之路"倡议。"一带一路"建设为中国与沿线国家和地区共同迈向人类命运共同体描绘了宏伟的蓝图。"一带一路"沿线国家的贸易问题是该倡议关注的焦点之一。该倡议从2013年9月提出至今,得到许多国家的响应和支持。目前世界上已有150多个国家和国际组织与中国签署合作协议。"一带一路"倡议及其核心理念已被写入联合国等重要的国际组织有关文件中。"5年多来,中国与'一带一路'相关国家贸易总额超过6万

作者简介: 蒙翡琦,广西民族大学东盟学院助理研究员。漆芮,女,广西民族大学附属中学教师。

亿美元、投资超 800 亿美元。"①

泰国地处中南半岛中心，是"一带一路"倡议沿线的重要国家之一。泰国积极响应中国"一带一路"倡议。本文主要讨论"一带一路"倡议提出以来的中泰贸易。

一、中泰贸易回顾及现状

泰国是中国的友好邻邦。中泰建交以来中泰两国友好关系不断发展，高层交流频繁，政府合作紧密，民间交流密切，双边投资与贸易额增长迅速。中泰两国贸易经历了从缓慢增长到稳步增长，由稳步增长至快速发展的历程。20 世纪 80 年代，受改革开放的春风推动，中国经济开始蓬勃发展，中泰两国的双边贸易得到不断的发展。1975 年中泰建交时，双边贸易额仅 2462 万美元，到 2017 年已达到 741.4 亿美元。中泰双边贸易经过两国的不断努力，取得了令人瞩目的成绩。

1985 年，中泰建交 10 周年，两国双边贸易额为 3.7 亿美元，进入 20 世纪 90 年代，中国经济高速发展推动了中泰贸易的发展。"1995 年，中泰两国贸易额达 31.45 亿美元，其中中国出口额为 12.55 亿美元，进口额为 18.9 亿美元。跨过世纪之交，中国加入 WTO 与世界经济接轨，中泰贸易也走上新台阶。2003 年中泰贸易突破 100 亿美元大关，双边贸易额达 126.55 亿美元。其中中国向泰国出口 38.28 亿美元，从泰国进口为 88.27 亿美元。2005 年是中泰建交 30 周年，中泰双边贸易额达到了 218.11 亿美元。中国对泰国出口贸易额为 78.19 亿美元，从泰国进口贸易额为 139.92 亿美元。可见，中泰建交 30 年，中泰双边贸易得到了

---

① 《习近平在"一带一路"朋友圈承诺了什么？》，新浪新闻中心，http://news.sina.com.cn/c/xl/2019-04-27/doc-i hvhiqax5286852.shtml，访问日期：2018.12.4。

巨大的发展，贸易总额达到了建交初期的876倍。"①

2010年1月1日中国—东盟自由贸易区如期建成，为中泰贸易搭建了一个互利共赢的新平台。中泰两国90%以上的商品贸易实行零关税，使贸易保持了快速而稳定的增长态势。"2010年，中泰两国双边贸易额为459.9亿美元，中国对泰国出口额为245.2亿美元，自泰国进口额为214.7亿美元。"②

2013年，国家主席习近平提出"一带一路"倡议，得到了泰国的响应和支持，大大促进了中泰双边贸易的发展。2014年，中国已成为泰国第一大出口市场和第一大进口来源地，成为泰国的第一大贸易伙伴。2015年，中泰建交40周年之际，"中泰双边贸易额为642.2亿美元，中国对泰国出口额为409.1亿美元，从泰国进口贸易额为233.1亿美元，较中泰双边贸易发展初期已有了巨大的发展。2016年，中泰双边进出口总额达到658.4亿美元，较1975年的0.2462亿美元有了天翻地覆的变化。其中，泰国对中国出口235.8亿美元，占泰国出口总额的11%；自中国进口422.6亿美元，占泰国进口总额的21.6%。2017年，中泰货物贸易进出口总额达到了741.4亿美元，同期增长了12.6%，为'一带一路'倡议背景下中泰货物贸易进出口总额新高。中国对泰国出口额为447.3亿美元，增长率为5.9%，向泰国进口额为294.1亿美元，增长率为24.7%。"③

---

① 数据来源：《国别报告》，中华人民共和国商务部网站，https://countryreport.mofcom.gov.cn/，访问日期：2018.12.4。
② 数据来源：《国别报告》，中华人民共和国商务部网站，https://countryreport.mofcom.gov.cn/，访问日期：2018.12.4。
③ 数据来源：《国别报告》，中华人民共和国商务部网站，https://countryreport.mofcom.gov.cn/，访问日期：2018.12.4。

二、"一带一路"背景下中泰贸易存在的主要问题

"一带一路"倡议提出以来陆续得到沿线国家的积极响应。中泰双边贸易也在此背景下得到了发展,双边贸易额在平稳发展中持续上升。总体来看,"一带一路"倡议存在巨大的发展空间,但在此背景下的中泰贸易也存在一些问题。

(一)贸易不平衡明显

长期以来,贸易不平衡一直是中泰贸易存在的问题之一。中泰两国政府与企业虽然认识到这一问题,并在不断探索和提出解决方法,但收效甚微。从长期看,"一带一路"倡议的提出有利于改善这一状况,但泰国对华贸易的逆差近期内不会有太大改变。从表1可知,2013年到2017年间,泰国对华贸易处于逆差状态,在2014年和2015年连续两年贸易逆差增加幅度较大,分别达到27%和28.3%,贸易不平衡明显。

表1 2013—2017年中国对泰国货物贸易进出口额及逆差表

(单位:亿美元)

时间	进出口总额	增长率	进口	增长率	出口	增长率	顺差	增长率
2013年	644.4	0.5%	268.3	0.4%	376.1	0.7%	107.9	1.4%
2014年	633.6	-1.7%	248.3	-7.4%	385.4	2.4%	137.1	27%
2015年	642.2	1.4%	233.1	-6.1%	409.1	6.2%	176	28.3%
2016年	658.4	2.5%	235.8	1.2%	422.6	3.3%	186.8	6.1%
2017年	741.4	12.6%	294.1	24.7%	447.3	5.9%	153.3	-17.9%

数据来源:中华人民共和国商务部网站①

---

① 《国别报告》,中华人民共和国商务部网站,https://countryreport.mofcom.gov.cn/,访问日期:2018.12.4。

(二)双边贸易虽然缓慢增长,但体量不大

中泰双边货物贸易呈现波浪式前进、螺旋式上升的发展态势。由表1可知,2013年至2017年期间,中泰双边货物贸易额在644.4亿美元至741.4亿美元之间浮动。2014年、2015年两年的贸易总额较2013年的贸易总额有所回落,到了2016年才又回升,略超过2013年的贸易总额。2016年中国和泰国贸易进出口总额为658.4亿美元,占中国进出口总额的1.9%和泰国进出口总额的16%。2017年中泰双边货物贸易额才有了较大幅度的提升,达到了741.4亿美元。可见,目前中泰贸易在"一带一路"背景下呈现出相对较小的规模和体量。此外,中泰双边贸易额除2014年略下滑外,大致呈增长的态势,但整体来看仍是动力不足,增长速度缓慢。

(三)产品层次低,结构相对集中

"在中泰贸易中,由于受传统贸易习惯的影响,中初级产品一直占据中泰双边贸易的很大比重,而在对外经济技术贸易、加工贸易以及服务贸易上所占比重较低,这就造成了中泰贸易中资源密集型产品和初级产品比重较大,高科技、高附加值的产品比重较少的局面。"[①]正如表2所示。而从2013年到2017年中泰双边贸易层次来看,这种局面仍没有改变。中国对泰国出口的产品中,劳动密集型产品占半数,初级产品和资本与技术密集型产品各占约四分之一。而泰国对中国出口的产品90%左右是初级产品和劳动密集型产品,资本与技术密集型产品的份额非常少。这种结构也是导致中泰双边贸易泰方贸易逆差一直存在并无法有较大改变的主要原因。此外,中泰双边贸易商品差异性不明显,存在一定的竞争性。

---

① 钟凤燕. 中国—东盟自贸区下中泰贸易发展浅议[J]. 特区经济,2012(10):97-99.

表 2　2013—2015 年中泰双边贸易产品结构表

时间	中国对泰国出口产品比重(%)			中国自泰国进口产品比重(%)		
	初级产品[①]	劳动密集型产品	资本与技术密集型产品	初级产品	劳动密集型产品	资本与技术密集型产品
2013 年	24.52	50.25	25.23	55.85	37.46	6.69
2014 年	25.84	49.31	24.85	52.18	38.76	9.06
2015 年	25.81	51.52	22.67	46.26	42.35	11.39

数据来源：UN comtrade。

(四)中泰对外贸易管理部门规章制度的差异

中国与泰国是两个体制不同的国家,国家机构的设置各异,对外贸易管理部门的相关规定也不会完全相同。这必然会导致中国与泰国进出口贸易的制度和进出口检验检疫标准差异的存在。而商品检验检疫标准不同,很有可能会导致两国贸易中出现非关税贸易壁垒的现象。

在金融方面,尽管近年来在泰国的一些便利店、商场、酒店等地中国游客已经可以用微信或者支付宝来进行结算,但因以人民币来进行结算,在岸人民币受政府调控,相对稳定,而离岸人民币则全由市场决定,汇率浮动较大,因此,"泰国金融机构担心离岸人民币(CNH)和境内人民币(CNY)不同的风险控制成本,中泰贸易中直接以人民币结算的比重不足1%"[②]。可见,大宗的国际贸易目前还是主要以美元进行结算。

此外,中国和泰国因税收制度不同,规定各异,在一定程度上也影响了中泰贸易自由化水平的发挥和提升。"如在增值税方

[①] 此分类按照 SITC 分类标准：0～4 类为初级产品,5～9 类为制造业产品,第 6、8 类为劳动密集型产品,第 5、7、9 类为资本与技术密集型产品。
[②] 邢莘.中国—东盟自贸区升级版下的中泰经贸合作探讨[J].对外经贸实务,2015(5)：31-33.

面，中国实行生产型增值税，而泰国实行消费型增值税。泰国增值税税率定为 7%，而中国则为 17%，优惠税率定为 13%。"[①]

（五）交通便利但物流成本高

交通便利程度及物流成本也是双边贸易中需要考虑的重要因素。中泰双边贸易目前主要的运输形式有空运、陆运（公路）、海运和河运 4 种。

中泰陆路通道有 3 条公路（R8、R9、R12），分别连接泰国和中国的广西、云南两地，再经广西和云南通达中国的其他地区。海运则通过泰国港口直接连接中国的海港。据笔者了解，从泰国经公路运往桂、滇两省的商品需耗时 3~5 天，物流成本每吨为 100 多美元。海运运往粤、桂的港口的物流成本相对陆路较低，大约每吨 80 美元，但耗时过长，需 6~10 天。此两种运输方式性价比都较低，成本和时间之中没能达到平衡。

湄公河航运时间较短，顺流而下 2 天左右就能从中国云南的思茅到达泰国清盛，逆流而上的话要花 5 天左右。湄公河航运成本相对也较低，但限于航道承载能力，目前较大吨位的货船多为 400 吨左右，且湄公河上游河床礁石林立，如遇上枯水期，航道水位变浅，大型货船很难通行，严重影响货物运输。目前湄公河航运尚不能满足泰国北部、东北部、中部等区域大范围进出口货物运输的需要。

中泰陆运通关环节也存在一定的影响因素。例如，R12 公路从泰国到广西友谊关共 839 公里，但中间共有 6 处口岸设有检验检疫部门，这无形中也降低了货物运输的效率。

---

① 张妙湘. 中泰贸易存在的问题及对策研究[D]. 哈尔滨：哈尔滨工业大学，2016：16.

三、中泰贸易问题的主要原因

(一)双方贸易主要产品结构趋同

中国和泰国都是农业大国,都拥有丰富的原材料和劳动力资源。相比泰国,中国的劳动力资源更具优势。两国早已重视技术密集型产业的发展,积极推动产业转移和升级。从当前形势看,中泰双方都在不断努力推动产业升级,重视创新和科技产能转化。中泰两国近年来都取得了一定的成绩,但中国科技创新及发展的速度要比泰国快很多。尽管如此,两国在充分推动先进技术转化为生产力,优化进出口结构方面仍有很长的路要走,这使当前中泰双边贸易商品结构存在一定趋同性。

从 2013 年至 2017 年中泰货物进出口贸易的主要商品构成来看,泰国向中国出口和进口排名前 10 位的主要商品种类中(如表3、表 4 所示),有 6 类是属同类产品,如机电产品、普通金属及制品、化工产品、塑料橡胶、运输设备和植物产品等,占进出口主要商品种类的 60%。机电产品占据泰国从中国进口总额的半壁江山,而中国进口泰国产品比重最大的是塑料和橡胶。这种对外出口的相似性也使两国的贸易具有一定的竞争性。长此以往不利于中泰贸易的健康持续发展。

表3 2013—2017年泰国向中国出口主要商品

(单位：百万美元)

序号	商品\年份	贸易额 2013	2014	2015	2016	2017	增长率(%) 2013	2014	2015	2016	2017	比重(%) 2013	2014	2015	2016	2017
1	塑料、橡胶	9,073	7,775	6,641	6,319	8,663	6.1	-14.3	-14.6	-4.9	37.1	33.8	31.3	28.5	26.8	29.5
2	机电产品	5717	5,513	5,718	5,709	6,640	-23.5	-3.5	3.7	-0.2	16.3	21.3	22.2	24.5	24.2	22.6
3	植物产品	2559	3,025	3,078	2,696	2,910	35	18.2	1.8	-12.4	8	9.5	12.2	13.2	11.4	9.9
4	光学、钟表、医疗设备	431	651	1,275	1,680	1,741	4.3	50.9	95.9	31.8	3.6	1.6	2.6	5.5	7.1	5.9
5	化工产品	3413	2,863	1,858	1,644	2,091	8.6	-16.1	-35.1	-11.5	27.2	12.7	11.5	8	7	7.1
6	木及制品	1087	1,089	1,015	1,356	1,653	14.7	0.1	-6.8	33.6	21.9	4.1	4.4	4.4	5.8	5.6
7	矿产品	2380	1,372	943	935	1,240	28.9	-42.3	-31.3	-0.8	32.6	8.9	5.5	4	4	4.2
8	运输设备	207	285	400	839	1,414	-28	37.9	40.4	109.9	68.6	0.8	1.2	1.7	3.6	4.8
9	食品、饮料、烟草	390	587	727	617	739	-43.4	50.6	23.9	-15.1	19.8	1.5	2.4	3.1	2.6	2.5
10	普通金属及制品	401	341	415	523	620	-18.6	-15.1	21.9	26	18.6	1.5	1.4	1.8	2.2	2.1

数据来源：中华人民共和国商务部网站[①]。

① 《国别报告》，中华人民共和国商务部网站，http://countryreport.mofcom.gov.cn，访问日期：2018.12.4。

表4 2013—2017年泰国从中国进口主要商品

(单位：百万美元)

序号	商品\年份	贸易额 2013	2014	2015	2016	2017	增长率(%) 2013	2014	2015	2016	2017	比重(%) 2013	2014	2015	2016	2017
1	机电产品	18,956	18,964	20,226	20,077	20,872	-3.4	0	6.7	-0.7	4	50.4	49.2	49.4	47.5	46.7
2	普通金属及制品	4,921	5,565	6,453	7,014	6,945	-2.5	13.1	16	8.7	-1	13.1	14.4	15.8	16.6	15.5
3	化工产品	2,979	3,354	3,228	3,404	4,183	1.6	12.6	-3.7	5.5	22.9	7.9	8.7	7.9	8.1	9.4
4	塑料、橡胶	1,692	1,858	2,007	2,153	2,468	2.7	9.8	8	7.3	14.6	4.5	4.8	4.9	5.1	5.5
5	纺织品及原料	1,657	1,687	1,654	1,811	1,834	-1.5	1.8	-2	9.5	1.3	4.4	4.4	4	4.3	4.1
6	运输设备	2,026	1,452	1,291	1,423	1,694	60.9	-28.3	-11.1	10.2	19.1	5.4	3.8	3.2	3.4	3.8
7	光学、钟表、医疗设备	954	999	1,134	1,165	1,190	-3	4.8	13.5	2.7	2.2	2.5	2.6	2.8	2.8	2.7
8	植物产品	757	740	870	1,021	1,010	6.5	-2.2	17.6	17.3	-1	2	1.9	2.1	2.4	2.3
9	家具、玩具、杂项制品	757	814	913	976	1,067	13.4	7.6	12.1	6.9	9.3	2	2.1	2.2	2.3	2.4
10	陶瓷、玻璃	685	675	685	731	725	15	-1.5	1.5	6.6	-0.8	1.8	1.8	1.7	1.7	1.6

数据来源：中华人民共和国商务部网站[1]。

① 《国别报告》，中华人民共和国商务部网站，http://countryreport.mofcom.gov.cn，访问日期：2018.12.4。

(二)对法律法规及文化差异缺乏了解

双方企业对中泰两国贸易方面的法律法规缺乏了解也是影响两国经贸合作的重要原因之一。近年来，尽管关于泰国或其他东盟国家投资贸易的法律法规译著或中文著作不断涌现，但因所介绍的政策法规内容相对滞后，不利于贸易企业及时掌握涉及双边贸易最新的法律、法规和政策。在国家基本的法律法规框架下，部分地区为促进对外贸易的发展，也会提供一些优惠政策。泰国不少国际贸易企业对中国各省的经济结构及一些促进贸易优惠政策也知之甚少，导致遇到纠纷难以解决，难以运用相关政策来推动贸易业务的发展，这也直接影响了外国贸易商进入当地市场。

泰国企业虽普遍认同中国市场广阔，但在国际贸易的实际操作中，因一些跨国物流公司的影响，会导致货物不能按预计时间到达，不能最大限度地促进双边贸易发展。例如少数一部分泰国民营企业家认为他们不能确定向中国出口商品物流运输的具体时间。其主要原因有：首先，因中国国际贸易港口较多，但各港口通关及物流的效率各不相同，使商品的运输时间会有一定的不确定性；其次，部分泰国民营企业出口货物给中国的购买方，是通过陆运物流的方式，从泰国经老挝进入中国的云南省，然后再分发到中国采购方指定地，因少数物流公司没能及时掌握国际贸易物流最新发布的相关规定，有可能货物运输就会被延迟，甚至也会出现少量货物遗失的情况。

同时，中泰两国对各自国内生产的部分商品包装的要求和各自产品的包装文化也存在差异。例如，按照中国《商标法》的规定，产品包装上不能出现中国国旗、国徽等相同或近似的图形等，泰国则没有这些要求。此外，泰国生产的香烟要在泰国市场上获得销售权，就必须在香烟的包装盒上印制一些反映吸烟对肺部、口腔等身体器官产生严重危害的照片，但是在中国市场上销售以及出口到泰国的香烟不需要印制这些图片。

(三) 政治局势影响

政局稳定是开展经济合作与交流往来的前提和重要影响因素。前些年，泰国政局动荡，政变和群众抗议屡见不鲜，这不仅使泰国国际名声受损，也对泰国的进出口贸易产生影响。政局的动荡使外企开始重新规划和评估对泰贸易，甚至为了规避潜在的贸易风险，在一定时期内放弃与泰国企业的贸易往来。

2014年泰国政局动荡不断，导致中泰两国贸易总额下降至633.6亿美元，出现了1.7%的负增长。2015年中国对泰国的直接投资由上年的8.39亿美元减少到4.07亿美元。"开泰银行中泰服务中心认为，泰国政局走向是影响企业信心的重要因素，给服务业、旅游业和吸引投资等方面带来的负面效应将最为明显，甚至还会进一步波及政府年度预算支出，尤其是投资预算。"[①] 政府投资预算减少和外国直接投资的减少，都对对外贸易产生重要影响。

(四) 泰国担心中国产品冲击泰国市场

中国的"一带一路"建设得到了包括泰国在内的世界上许多国家的积极响应。随着中国"一带一路"建设的深化，中国与泰国之间的商贸合作与往来也日益频繁。尽管如此，从中泰两国工业水平的实际情况来看，泰国的一些学者和商人表现出对泰国本土产品和中小企业的信心不足和担心。因泰国出口商品中初级产品和劳动密集型产品的比重占80%以上，科技含量高的产品相对较少，而中国出口泰国的商品中，科技含量高的产品相对较多，面对中国较具有市场竞争力的商品，担心和保护泰国民族工业的保守观念显现。

---

① 陈梦瑶. 中泰贸易发展现状及前景分析[D]. 长春：吉林大学，2014：41.

首先，泰国少数学者对未来泰国商品及民营企业的市场竞争力表示担忧，并对投资泰国的中国企业持谨慎态度。如2018年4月中国阿里巴巴集团总裁马云访泰会见巴育总理，并签署协议正式为泰国东部经济走廊特区项目注入110亿泰铢。对此，泰国主流报刊《泰叻报》4月23日发表了泰国法政大学副教授、泰国国家研究委员会学者阿颂诗接受采访发表的主要观点。阿颂诗研究员表示："泰国应小心谨慎……担心中国商人来瓜分市场。"[①]

其次，泰国部分中小企业家担心物美价廉的中国商品出口到泰国会冲击他们的产品。从整体上看，与中国相比，泰国的工业发展水平相对落后，不少工业产品质量不高。一些产品还是手工作坊式的生产模式，如皮带、皮包等皮具，纺织品等。

此外，为了保证一个开放的市场，又在一定程度上保护民族工业的发展，泰国政府也担心中国出口到泰国的商品对泰国工业的影响。这种担心在一定时期和范围内还将继续存在，将不利于进一步促进中泰双边贸易的发展和营造更加开放的国际合作市场。

四、促进中泰贸易的思考

为不断促进中泰贸易的健康、快速和可持续发展，笔者认为对以下几点需认真思考：

（一）加快基础设施建设

基础设施建设是中泰贸易进一步发展与提升的"硬件"保障。尽管当前中泰贸易的渠道有空运、陆运、海运与河运等，但是否都充分发挥各渠道的作用了呢？这值得思考。加快交通基础设施

[①]《真的可信？深入探究泰国与阿里巴巴的合作以及马云"世界不美丽"的角度》，泰叻网，https://www.thairath.co.th/content/1262212，访问日期：2018.12.4。

建设及配套服务便成为当今中泰双边贸易发展的重要推动力。

首先,中泰"昆曼公路"是中泰商品运输的主要陆路物流通道,对双边贸易具有突出的贡献。尽管泰国也有经老挝、越南再入中国广西的陆路通道,但因路程较远,耗时较长,运输成本较高而鲜有物流公司选择该线路。因此,加快昆曼公路沿途物流园区配套服务,推动沿途口岸的数字化通关建设,提升通关效率便成为陆路基础设施建设的重中之重。

其次,湄公河航道是推动中泰贸易的重要河运渠道,也是中泰货物贸易的重要通道之一。加大湄公河航道的建设,也直接关系到中国与泰国货物贸易的发展。湄公河部分河段礁石险滩密布,极大地影响着航行安全及制约货轮吨位。因此,清理湄公河险滩礁石对提高湄公航行安全,拉动中泰货物贸易有重大作用。而对开发和建设湄公河航道不影响或并不破坏航道内鱼类及其他水生物生态系统观点的有效论证,可作为开发湄公河航道有力的环评依据。

此外,除以上所提到的货物贸易物流运输路径外,高速铁路运输将是最佳选择。正在建设中的中泰铁路也将进一步推动中泰与泰国的双边贸易与旅游服务贸易。中泰高铁第一期工程已于2017年12月21日开工建设,主要路段是从曼谷东北到呵叻府,全长约253公里,预计将在2023年开通。

(二)调整商品贸易结构,提升产品科技含量

双边贸易的健康持续发展,离不开贸易商品的结构的合理性。长期大幅度的贸易顺差或者逆差,也是贸易结构不健康的表现。

首先,中泰两国应重视国内经济结构的调整,进行适当的产业转移和重点发展高附加值领域,进一步提高劳动生产率。泰方有必要重点提高劳动生产力和效率,降低生产成本,增加商品的竞争优势,推进泰国具有较强竞争优势又有互补性特征产品的贸

易合作。其次，中泰贸易的商品结构也需要得到进一步的调整和优化。依托两国资源禀赋优势，两国在互补性贸易上仍存在巨大的合作潜力。从表3和表4中我们可以看到，中泰双边贸易主要产品中同类产品较多，互补性产品所占的分量较小。因此，中泰两国贸易层次的提升需要加大开拓互补性商品贸易，减少竞争性商品贸易，加大互补性产业投资力度，扩展贸易领域和种类。

（三）加强贸易监管机制和贸易监管部门的合作

加强贸易监管机制和检验检疫局机构的合作对提升通关效率，加快货物流通速度，促进中泰双边贸易有很大推动作用。提高海关和检验检疫的工作效率，对提高货物通关的效率大有裨益。货物通关的效率会直接影响进出口产品的成本和交货期，对生鲜果蔬等产品尤为重要。经笔者对经营中泰跨境贸易的企业家进行调研了解到，在一定的时期，中国西南部分口岸货物通关的时间较广东沿海口岸要长。尽管电子化、数字化等科技已广泛应用，货物通关效率比以前有很大提升，中泰两国贸易合作相关管理部门还应进一步提升贸易服务便利化理念，积极就通关事宜保持良好沟通，简化行政手续，提高通关效率。

积极推进中泰贸易人民币结算，将进一步提升双边贸易的交易效率。2015年12月1日凌晨，国际货币基金组织（IMF）宣布将人民币纳入SDR（特别提款权）货币篮子，这是人民币国际化道路的里程碑。但因各种因素影响，当前中泰贸易人民币进行结算的方式尚未能实现。结算方式的改进，将极大地方便中泰企业贸易往来和资金的流通。

（四）加强中泰政府沟通，增强政治互信，保障贸易环境，促进贸易合作

中泰双边贸易的健康持续发展离不开两国政府的共同努力。

加强政府间沟通，增强政治互信，才能实现政策沟通、设施联通、贸易畅通、资金融通、民心相通，才能为中泰双边贸易提供良好的环境，推动双边贸易的发展。

首先，双边贸易的合作与发展离不开中泰两国友好关系的大环境和各自国内稳定的政治环境，需要中泰双方携手共同维护和保障。

其次，中泰贸易长久的发展离不开两国政府政策的沟通与相互支持。阻碍双边贸易进一步发展的问题和障碍，需中泰两国政府积极沟通与协商，并提出有效的解决办法。随着社会的不断发展，中国和泰国当前都处于经济结构改革的转型期：如在"一带一路"建设的大背景之下中国推动着供给侧结构性改革和制造业产业转型升级；泰国方面为顺应国际社会发展的形势及自身发展需要，也积极推动泰国"工业 4.0"战略，此外还积极推动泰国"东部经济走廊"计划来对接中国的"一带一路"倡议。

最后，尽管中泰两国政府已经为双边贸易的合作与发展做了大量的工作，但为了进一步促进中泰双边贸易，两国还需深化合作，推动公共外交的不断发展，使更多的贸易合作项目落地，从而推动双边贸易的持续发展。通过政府部门鼓励中泰两国更多的企业积极参与中泰双边贸易，服务于"一带一路"建设和双边贸易合作升级，如合作共建工业园区。

五、结语

本文主要针对 2013 年"一带一路"倡议提出以来中泰双边贸易存在的问题进行阐述及分析，寻找问题产生的原因，并提出针对这些问题需要进行的思考。从上文可知，除 2013 年至 2014 年中国对泰国货物进出口贸易是负增长外，2014 年至 2017 年中泰双边贸易都呈现了稳步快速的增长，展现了良好的发展势头。在此发展过程中,中泰双边贸易虽受到贸易不平衡、贸易产品的结构不太合理、对法律法规及文化差异缺乏了解等多种因素影响,但笔者相信,在"一带一路"倡议背景下,泰国推动"东部经济走廊"计划与之对接,中泰双边贸易必将不断发展,迎来更大的机遇。

泰国宋加洛瓷器中国渊源考

尚颖颖

(北京外国语大学亚非学院)

摘要： 泰国的宋加洛瓷器产生于素可泰王朝时期。明初至15世纪上半叶，由于中国瓷器缺席国际市场，宋加洛瓷器畅销海外百余年。各国学者认为宋加洛瓷器明显受到中国的影响，但在中国瓷器对宋加洛瓷器的产生及消亡的影响方面存在争议。本文通过整合中、泰两国相关研究成果对这一问题进行了梳理和考证，认为宋加洛瓷器是由移民到泰国的中国工匠亲自指导而产生的，18世纪初因中国瓷器重新占据国际市场而停止出口，并因国内需求的减少而最终消亡。

关键词： 中泰文化交流史；中国文化海外传播；宋加洛瓷器

泰国地处中南半岛中部，自古便是连接中印两大文明的要道，亦是古代海上丝绸之路的枢纽。泰国与中国是友好近邻，根据中国史书的记载，中、泰古国的往来最早可上溯至汉代。自13世纪末，泰国开始了对中国近6个世纪的"朝贡贸易"，两国形成了稳固的互惠关系。在这段悠久的中泰交流史中，中国古代文化与艺术随着物质的传播及人口的迁移传入泰国成为必然。何芳川、万明在《古代中西文化交流史话》中写道："从中华文明向外传播方面看，如果说汉唐以来丝织品的输出和丝绸文化的外流，曾在很长的历

作者简介：尚颖颖，北京外国语大学亚非学院泰语教研室讲师。

史时期占据主要地位,那么宋代以后,这种情况被陶瓷品的输出以及陶瓷文化的远播所逐渐取代。学者们常常把海上丝绸之路称为丝瓷之路。"① 泰国古代远销海外的宋加洛瓷器就印证了这一中国陶瓷文化向外传播的情况。在明初实施海禁政策及15世纪上半叶中国官窑的瓷器生产受到严格限制,海外市场上中国瓷器片盏难寻之时,宋加洛瓷器一度在这时受到国际市场特别是东南亚地区的广泛青睐,畅销百余年。这段辉煌的外销史说明宋加洛瓷器的工艺曾经达到了较高的水平。随着各国学者研究的推进,目前学界普遍认为宋加洛瓷器受到河北磁州窑及浙江龙泉窑瓷器的影响,但对这一渊源中的许多具体问题一直以来存在着很多争议。本文拟就中、泰两国学者的相关研究成果对这一问题进行梳理和考证。

一、有关宋加洛瓷器中国渊源的争议焦点

有关宋加洛瓷器中国渊源的争议是普遍存在的。即使是在中国和泰国的一些辞书及线上数据库等常识性信息中,与宋加洛瓷器直接相关的条目也存在着内容上的分歧。通过对比这些条目的内容,学界有关宋加洛瓷器的争论可见一斑。

(一)中国辞书中有关宋加洛瓷器的条目

一是《东方文化词典》中的"宋加洛 Sangkharok"词条:"泰国素可泰时期制作的一种陶瓷器。'宋加洛'是泰语的音译。'宋'字指中国宋朝,而'加洛'两字含意至今仍有争论。13世纪末,素可泰王朝三世王兰甘亨派王子访问中国。回国时带回中国元代制陶工匠,传授制陶工艺,帮助开窑烧制,开创了当时泰国无论

---

① 何芳川,万明. 古代中西文化交流史话[M]. 北京:中国国际广播出版社,2012:66.

是胎质、釉色、花纹或式样都属最上乘的宋加洛陶瓷器。窑主要设在今天素可泰府的萨旺洛和是塞差那莱。产品畅销东南亚各地,还远销非洲、阿拉伯、波斯等地。品种有生活用品如碟、杯、碗、瓶等;屋饰如龙、狮、巨魔等,还有房瓦、玩具等。各种器皿、花盆、花瓶多喜上浅蓝色的釉,有的还带暗土黄色,画黑色花纹或以浅纹代替。也有白底黑色花纹的花瓶。屋饰常涂掺有暗黄色的白色釉,画黑色或棕色的线条。陶瓷品的表面有是否带裂纹之分。(戚盛中)"①

二是《中外关系史辞典》中的"宋加洛窑"词条:"暹罗古烧制瓷器之场所。据传为泰国素可泰王朝第三代君主兰甘亨(《元史》作敢木丁)在位时(1277—1317 年)从中国请回陶艺工人后于宋加洛创立。该窑烧制别具一格的用钛盐色料绘制而成的瓷器,类似中国浙江龙泉窑的青花瓷器,并生产仿宋陶器。15 世纪开始衰落,1460 年和 1464 年两次受到战争破坏,生产停止。(葛治伦)"②

(二)泰国辞书及公共数据库中有关宋加洛瓷器的条目

泰国《青少年百科全书》第二十一册中的"素可泰瓷器或宋加洛瓷器"条目:"'宋加洛'是素可泰王国时期产自是塞察那莱府与素可泰府的瓷器的名称。据考证,'宋加洛'是由对'萨旺洛'③ 的错读而来。瓷窑被当地百姓称为'图梁窑'。目前关于'宋加洛'和'图梁窑'两个名称的由来尚未有定论。……宋加洛瓷器的生产大概始于佛历 19 世纪④ 初,并不断改进完善。至佛历 19 世纪末中国发生危机,中国瓷器的产量大幅减少,无法

---

① 居三元、张殿英. 东方文化词典[M]. 北京:北京大学出版社,1993:935。
② 朱杰勤、黄邦和. 中外关系史辞典[M]. 武汉:湖北人民出版社,1992:505。
③ 笔者注:Sawankhalok,泰国素可泰府的一个县。
④ 笔者注:佛历 19 世纪为公元 1257—1356 年。公历=佛历-543,以下文中各处佛历计年换算方法同。

满足海外市场的需求，因此来自素可泰王国的瓷器在这一时期成了中国瓷器的替代品。为了适应贸易需求，宋加洛瓷器在质量、装饰、花纹、样式方面都有所发展。还有定制瓷器，按客户要求的外观式样来进行生产，如茶杯等。素可泰的瓷器因此在周边地区如爪哇岛、苏门答腊岛、婆罗洲、宿务、棉兰老岛、朝鲜半岛和日本随处可见。当中国的危机结束后，中国又开始生产并出口瓷器。宋加洛瓷器的生产也依然继续。据历史学家考证，直到佛历 2127[①] 年，尚为副王的纳黎萱大帝[②] 举兵攻打萨旺洛城，将所有百姓驱赶至彭世洛城，宋加洛瓷器的生产才彻底结束。"[③]

此外，泰国兰甘亨大学建立的地区信息数据库中，素可泰府的资料中也有关于宋加洛瓷器的内容："素可泰是千年文明之源，古迹、文物代表着曾经的辉煌。素可泰有名的瓷器是宋加洛瓷器。宋加洛瓷器包括各种容器、工具和建筑饰品，如碗、碟、瓮、水缸、瓶子、坛子、茶壶、勺子、人偶、大象，巨魔像、神像、佛像、屋面瓦、狮子、窗棂、水管、祭鬼偶、象棋、屋顶两头的龙头状饰物，以及屋脊上的华盖状饰物等。……宋加洛瓷器的生产始于素可泰王朝时期，并在大城王朝时期发展为出口商品，扩大了生产规模。自佛历 23 世纪[④]起宋加洛瓷器的产量减少，造成市场变化的一个重要原因是中国重新开始生产青花瓷器并受到青睐，同时阿瑜陀耶王朝的贸易也随着对该地区具有政治影响的西方人的需求而发生了变化。'宋加洛'一词的由来众说纷纭，有人认为来自'songklok'，译为宋代的瓷

---

① 笔者注：公元 1584 年。
② 笔者注：纳黎萱大帝（公元 1555—1605 年），泰国大城王朝时期的国王，抗缅复国的民族英雄。
③ 选译自《เครื่องปั้นสุโขทัยหรือเครื่องสังคโลก》, สารานุกรมไทยสำหรับเยาวชนฯ (เล่มที่ ๒๑/๕ เรื่องที่/เครื่องปั้น) / http://kanchanapisek.or.th/kp6/sub/book/book.php?book=21&chap=5&page=t21-5-infodetail08.html，访问时期：2018.10.10。
④ 约公元 1657 年起。

窑；有人认为源自日语'sangkoroku'或'sunkoroku'，即'萨旺洛'的日语发音。'萨旺洛'在大城王朝时期的史籍中十分常见，即槎良或是塞察那莱。因此宋加洛瓷器从名字来看专指槎良或是塞察那莱，以及素可泰一带出产的瓷器，在上述地区发现的大量瓷窑也说明了这点。此外泰国北部的多处瓷窑也生产这类宋加洛瓷器。……宋加洛瓷器中的青色瓷碗在刻纹与上釉的工艺方面与大约佛历 19 至 20 世纪宋末到元朝时期中国龙泉窑的瓷碗十分相似。宋加洛瓷碗上的花纹是独特的，常见的有鱼、神盘和花。所刻的鱼经考证为野鲮，因为曾在一个刻有鱼纹的宋加洛瓷碗上发现古泰语'野鲮'字样。野鲮是一种淡水鱼，在河流中十分常见，特别是在 Yom 河流域。"[①]

（三）争议的焦点

综合上述 4 处基本信息，对宋加洛瓷器产地、工艺、种类等的描述，虽然角度、详略各有不同，但总体较为接近。对于宋加洛瓷器曾经在海外市场中作为中国瓷器的替代品在多个国家和地区畅销一时这点，以上信息中也多有提及。这一点间接证明了宋加洛瓷器与中国瓷器的相似性，但对这种相似性渊源的述及却有很大差异。中国的两部辞书都提到了素可泰王朝时期的兰甘亨大帝，但说法不一：一说为兰甘亨派王子出使中国并带回了制陶工匠，一说为兰甘亨大帝从中国请回陶艺工人。泰国的两处信息则对此语焉不详。有关"宋加洛"一词的由来也是争论的焦点，"宋加洛"到底是表示宋朝瓷窑的意思，还是对萨旺洛这一地名的错读？这一问题也和宋加洛瓷器的产生密切相关，但从各处信息中可以看出目前尚无定论。此外，宋加洛瓷器何时以及为何停产，

---

① 选译自《จังหวัดสุโขทัย》，สารสนเทศจังหวัดที่ตั้งสาขาวิทยบริการเฉลิมพระเกียรติ มหาวิทยาลัยรามคำแหง http://www.info.ru.ac.th/province/Sukhotai/art22.htm，访问日期：2018.10.10。

各处的说法有明显的分歧，停产时间的差异为 100 年到 200 年不等，而停产是否与中国瓷器恢复生产及海外贸易有关，亦很难从上述信息中看出端倪。因此，要厘清宋加洛瓷器与中国瓷艺的渊源，应该从宋加洛瓷器的产生及消亡两个方面进行考证。

二、宋加洛瓷器的产生与中国瓷艺的关系

宋加洛瓷器与中国瓷艺的相似性是毋庸置疑的，中国、泰国乃至西方的学者已从历史学、考古学、烧制技术、美术工艺等多个方面对这一点进行过充分论证。如段立生在《泰国文化艺术史》中所分析的那样："从宋胶洛陶瓷的造型及文饰不难看出它与中国陶瓷的直接师承关系。它极力模仿中国的陶瓷。有的宋加洛陶瓷底部有莲花图案，为犬牙交错的莲花瓣。在一些陶瓷容器的颈口，有莲花瓣的文饰。容器的外部也有莲花花纹。这是中国元朝时期最为流行的款式。这种式样的陶瓷产于中国浙江省的龙泉窑。"[①] 泰国的杉迪•叻素库教授也认为宋加洛瓷器"先用毛笔绘出花纹或线条再上釉的工艺必然是受到了中国艺术的影响"[②]。但这种相似性的源头，到底是由于单纯对中国瓷器进行了仿制还是直接采用了中国的制瓷技术，是存在争议的。此外，工匠是由泰国官方引进还是因战乱灾祸等原因自发迁移入泰，也同样说法不一。

（一）中国瓷器传入之前泰国本土的陶瓷工艺

中国瓷器在泰国素可泰王朝建立以前就已传入泰国，至素可泰时期中国的瓷器已十分流行。"据《诸蕃志》记载，宋朝时中国的瓷器已经传入泰国的凌牙斯加。在元人写的《岛夷志略》中，记载中国瓷器外传到 50 多个地区，其中就有泰国境内的罗斛、罗

---

① 段立生. 泰国文化艺术史[M]. 北京：商务印书馆，2005：177-178.
② สันติ เล็กสุขุม, *ศิลปะสุโขทัย*, กรุงเทพฯ: สำนักพิมพ์เมืองโบราณ, 2012, pp144。

卫等地，传入的瓷器均为浙江龙泉窑青瓷。当时的龙泉青瓷晶莹无瑕、洁白如美玉，颇受泰人喜爱。"①那么在中国瓷器传入泰国之前，泰国是否有自己的陶瓷制作工艺呢？泰国的历史学家沙严·派参吉通过对泰国瓷窑出土的文物以及在泰国湾打捞出的古代沉船中的瓷器进行考证，认为"在兰甘亨时期（公元1279—1319年）以前是塞察那莱地区就已经有了粗釉陶的生产。同一时期在泰国北部的难府也生产这类陶器。这表明挖建或在地上用土累建的制窑技术并非是塞察那莱地区所特有，而是在周边相同族属地区普遍存在，在万象的瓷窑中亦有发现"②。这说明素可泰王朝初期，较为朴素的陶瓷制作工艺在泰国的北部和东北部地区就已普遍存在。杉迪·叻素库在《素可泰艺术》一书中对此有更加深入的分析，他认为在宋加洛瓷器之前，是塞察那莱和素可泰地区都有自己本土的成熟的陶瓷制作工艺。"是塞察那莱地区生产一种叫作高棉缸或华富里缸的褐色瓷缸，考古证明这种华富里式的制瓷工艺应该是由泰国东北部地区传入。有人因此认为是塞察那莱是在佛历19世纪结束了华富里陶瓷品的生产后才转而生产宋加洛瓷器，并形成产业出口国外。至于当地制作的十分寻常的陶制容器，使用普通胎泥，低温烧制，容器表面刻有花纹，出现的时间大约在佛历18世纪以前。通过考古推断，在佛历15至16世纪这一地区的人们采用基本工艺制作软陶碗，此后发展出硬陶工艺，有上釉和不上釉之分，之后到佛历19世纪，进入了宋加洛瓷器生产阶段。而素可泰地区生产低温陶器，分粗泥和细泥，通过手塑或旋转托盘成形。生产工序复杂化后，如使用釉汁，通过建造新型瓷窑提高烧制温度，造出了表面光滑的硬陶（石质）容器，被当地人称为孟人碗，早于宋加洛瓷器的出现。考古学家推断自佛历16世纪或更

---

① 陈炎. 海上丝绸之路与中外文化交流[M]. 北京：北京大学出版社，1996：327.

② สายันห์　ไพรชาญจิตร์，ข้อเสนอเพื่อการพิจารณาใหม่เรื่องการผลิตและการค้าเครื่องสังคโลกที่มีมาก่อนสมัยพ่อขุนรามคำแหง，"อยุธยากับเอเชีย-สุโขทัย-สังคโลก" เรื่อง สัมมนาวิชาการนานาชาติ，พฤศจิกายน 2001。

早就已有了这类碗的出现。"① 上述是塞察那莱及素可泰本土陶瓷器产生的年代或应通过更多的考古及历史学研究进行证明，但可以肯定的是，在中国瓷器传入时，泰国已经产生了本土的陶瓷工艺。

（二）有关宋加洛瓷器与中国瓷艺师承关系的论证

那么，宋加洛瓷器是否可能仅仅通过仿制中国瓷器而产生呢？有学者认为，基于泰国本身已有相对成熟的陶瓷器制作工艺，至少在宋加洛瓷器产生初期，并非必然需要中国工匠亲自指导。② 而更多人则认为，如果没有中国制瓷技术的传入或中国工匠亲临指导，从技术角度上讲，宋加洛瓷器是很难产生的。中国学者朱杰勤和陈炎先生在自己的文章中都引用了对泰国陶瓷素有研究的雷金纳德·李梅（Reginald S. Le May）的观点："认为宋加洛制瓷的工艺是由中国传入，毋庸置疑。原因有二：一是宋加洛所产瓷器，不同于早期泰人或吉蔑人的产品，而完全是崭新的中国磁州窑产品；二是制作工艺上也采用磁州窑的烧制方法，器与器之间皆用支锥托起，使互不黏连。烧成后把支锥打断，因而在器底留有疤痕。这种磁州瓷如无中国陶瓷工匠指导烧瓷工艺，是不可能制成的。"③ 此外，王建保认为："高温烧制瓷器的技术应该是由中国工匠指导产生的，因为素可泰王朝之前的制瓷技术不高于宋卡洛瓷器，然而在高温烧制下的宋卡洛瓷器的釉汁，尤其是宋卡洛瓷器的特殊品种——希腊东瓷的釉汁的质量和施用效果均与中国瓷器相当。"④ 对于这一问题，学者的观点并不存在必然的矛盾。由于中国瓷器传入泰国后获得了当地人的喜爱，泰

---

① สันติ เล็กสุขุม,ศิลปะสุโขทัยกรุงเทพฯ,: สำนักพิมพ์เมืองโบราณ, 2012, pp142-143。
② สันติ เล็กสุขุม,ศิลปะสุโขทัยกรุงเทพฯ,: สำนักพิมพ์เมืองโบราณ, 2012, pp144。
③ 陈炎. 海上丝绸之路与中外文化交流[M]. 北京：北京大学出版社，1996：328。
④ 王建保. 宋加洛瓷器的磁州窑风格[J]. 收藏，2014(15)：52-53。

国的陶瓷工匠追随人们的品位仿制中国瓷器是自然而然的事情。而宋加洛瓷器得以成为海外市场中中国瓷器的替代品,就需要制作条件和工艺上的高度近似,而这应该是通过对中国制瓷技术的掌握而实现的。

(三)有关中国龙泉窑、磁州窑制瓷技术传入泰国的推论

关于中国龙泉窑和磁州窑的制瓷技术如何传入泰国,中、泰两国的史籍均无明确记载。学界有3种观点。

第一,传说派。如美国学者施坚雅在《泰国华人社会:历史的分析》中提道:"据泰国的传说,兰甘亨大帝于1300年最后一次访问中国时,曾把一些中国瓷器匠带回速古台。不久之后,速古台制造的新式陶器,和较晚一些宋胶洛瓷窑烧制的瓷器就都是中国式的图案和技术了。"① 赛代斯在《东南亚的印度化国家》中写道:"暹罗的传说称帕銮——由于传说中使用这个名字,混淆了素可泰初期诸王,尽管这个名字更多的是专门指拉玛甘亨——曾亲自前去中国一次,也可能是两次,并从那里带回了陶瓷艺术。从这一点来看,该传说也许有部分真实性,因为素可泰和宋加洛的一些瓷窑几乎毋庸置疑是中国人设置的。"② 相似的观点主要出现在早期的学术成果中,目前学界普遍认为兰甘亨大帝并未访问过中国,之前的传说主要是由于对《元史》记载中的"暹"和"敢木丁"存在误解。此外,如果兰甘亨大帝曾出访中国,甚至达两次之多,这在其执政期间可谓一件大事,但在兰甘亨大帝的御作《兰甘亨碑文》中并无提及,可见传说不实。王光尧在《对中国古代输出瓷器的一些认识》中提道:"在泰国的传说中,嫁到

---

① [美]施坚雅. 泰国华人社会:历史的分析[M]. 许华,等译,厦门:厦门大学出版社,2010: 4-5.

② [法]G·赛代斯. 东南亚的印度化国家[M]. 蔡华,杨保筠,译,北京:商务印书馆,2008: 350.

泰国的一位中国公主从磁州窑带来的工人在当地生产开创了泰国的制瓷业。"① 传说是难以被证实的，关于嫁到泰国的中国公主，中国的史书中并无记载。磁州窑的工人曾去到泰国应该是有一定真实性的，但显然并不能说是他们开创了泰国的制瓷业。

第二，兰甘亨大帝邀请中国工匠到泰国传授技艺，这是一个在学界获得较多认可的观点。陈炎先生在文章中提道："早在素可泰坤腊马甘亨国王②执政时，曾邀请一批中国制瓷工匠到泰国传授制瓷技术，就在素可泰烧制瓷器。后来素可泰以北的宋加洛③发现了优质的瓷土，就移至该地烧制瓷器，生产出著名的宋加洛瓷器。"④ 杨保筠在《中国文化在东南亚》中写道："在泰国素可泰王朝时期，为了提高生产水平，兰甘亨王（1279—1299年）曾邀请一批中国工匠在素可泰附近开办陶瓷制造业。那里烧制出的瓷器与中国河北省磁州窑的产品完全一致，而且采用新的支椎托承的烧制方法，使制成的器皿互不粘连，大大提高了成品率。到14世纪中叶，宋加洛的瓷窑兴起，生产类似浙江龙泉窑的青花瓷器及其他仿宋瓷器。"⑤ 两位学者都提到兰甘亨大帝邀请中国工匠到泰国传艺，但又存在差异。按照陈先生的观点，13世纪末素可泰一带的瓷窑就已经接受了中国的制瓷技术，之后的宋加洛瓷器是在此基础上改用了萨旺洛地区的优质瓷土而产生的。而杨教授的观点则表明，兰甘亨大帝请到泰国来的工匠应该来自河北磁州窑。而后，14世纪中叶时萨旺洛一带兴起的瓷窑则以仿制浙江龙泉窑的瓷器为主，并未提到直接引进龙泉窑的制作技术。泰国的学者对此也提出了见解："兰甘亨大帝从中国先后引进了两名顶级

---

① 王光尧. 对中国古代输出瓷器的一些认识[J]. 故宫博物院院刊，2011(3)：36-54.
② 笔者注：即兰甘亨大帝。
③ 笔者注：即素可泰府北部的萨旺洛地区。
④ 陈炎. 海上丝绸之路与中外文化交流[M]. 北京：北京大学出版社，1996：328.
⑤ 杨保筠. 中国文化在东南亚[M]. 郑州：大象出版社，2009：63.

的陶瓷工匠，一名来自河北，另一名来自浙江。在兰甘亨大帝的推动和支持下建起了三大瓷窑生产宋加洛瓷器：一是图良窑，在素可泰城西北部，占地面积 5000 平方米；二是巴扬窑，在是塞察那莱城西北部，占地面积 5500 平方米；三是高诺伊窑，面积最大，19.5 万平方米，距 Yom 河流域 5 公里。这三处瓷窑直接接受了中国工匠传授的技艺，生产的宋加洛瓷器品质很高。"① 这一观点仅表明宋加洛瓷器是在中国制瓷技术的基础上产生的，兴起于素可泰王朝兰甘亨时期，受到了中国磁州窑和龙泉窑的深刻影响。三位学者都没有提供推断出中国工匠是由兰甘亨大帝邀请到泰国的依据，因此尚待进一步考据和证实。

第三，对宋加洛瓷器产生影响的中国工匠是为了躲避战乱灾祸逃入泰国的移民。傅云仙根据《元史》卷二〇九《安南传》和《处州府志》卷十五《大事志》中的记载推断："元兵南下之时，大批汉人避入安南，其中必有不少工匠。……其中部分陶工就在该地设窑生产，借以谋生。磁州风格的釉下白底黑绘瓷器在安南出现，必是由华北陶工在安南设窑生产的结果。至元二十二年至二十五年（1285—1288 年），元朝攻打安南，在安南的陶工再避入暹境，时值泰国第一个国家素可泰建立不久，国王蓝摩甘亨②积极展开国家的建设和发展，陶瓷是所需要的物品之一，建立陶瓷业正是时机。华北陶工因避兵入暹正迎合泰国之需遂在素可泰定居设窑开始生产。……大约在 1350 年至 1356 年之间，浙江陶工渡海南下抵达泰国在宋卡洛③建窑，大量生产龙泉窑风格的青釉划花陶器。浙江陶工到泰的原因，仍然是为了躲避灾患和战乱。……残酷的天灾人祸，使陶工在本地难以生存，不得不背井离乡。而当时浙东地区元朝的政令鞭长莫及，海禁亦弛，浙江陶

---

① สุทธิ ถิบาลแทน สุวัฒน์ แก้วสังข์ทอง *เปิดโลกประวัติศาสตร์สุโขทัย*, กรุงเทพฯ: อักษรเจริญทัศน์, 2007, pp162-163.
② 笔者注：即兰甘亨大帝。
③ 笔者注：即萨旺洛。

工则乘机出海南下到达泰国并在宋卡洛建窑制瓷。"[①] 这一推断与上一观点中杨保筠的推断在时间上是吻合的。13世纪末兰甘亨在位期间磁州窑的制瓷技术传入泰国，14世纪中龙泉窑的制瓷技术影响了萨旺洛一带的瓷器生产业。由中国史籍对当时战乱灾祸的记载来看，上述的推断亦较为合理。杨保筠也提道："随着华侨的移入，中国的陶瓷制造技术在泰国流传更广。泰国人日常生活中用的白瓷器、陶土器，都是沿用中国技术生产，其外观酷似中国的产品。"[②] 可见中国移民中的陶瓷工匠对宋加洛瓷器乃至泰国古代制瓷业有着重要的影响。

综合上述3种观点，种种传说以及兰甘亨邀请中国工匠到泰国传授技艺的说法都因为证据不足而缺乏可信度。笔者认为通过间接史料和逻辑推演得出中国龙泉窑和磁州窑的制瓷技术是由为躲避战乱灾祸而逃到泰国的中国陶瓷工匠传入泰国的这一观点较具有合理性和说服力。

三、宋加洛瓷器的消亡与18世纪中国瓷器在国际市场的复兴

宋加洛瓷器是素可泰王朝时期重要的商品，在对外贸易中的影响一直延续到阿瑜陀耶王朝时期。宋加洛瓷器的生产与对外贸易发展到顶峰是自素可泰立泰王（公元1347—1374年）时期开始，即14世纪中期受到龙泉窑制瓷工艺的影响以后，种类、产量、品质都进一步提升，并在贸易中不断融合客户需求，提高制瓷工艺。"宋加洛陶瓷不仅在王朝版土内进行买卖，而且还沿着各条河流顺流而下。比如，沿湄南河经信武里、猜纳、华富里、阿瑜陀耶

[①] 傅云仙. 中国古代陶瓷和烧造技术在泰国的传播和发展——以素可泰窑和宋卡洛窑为例[J]. 昆明师范高等专科学校学报, 2005, 27(1): 22-24.

[②] 杨保筠. 中国文化在东南亚[M]. 郑州：大象出版社, 2009: 63.

直至出海口；从叻丕府沿它金河到各城市，甚至到泰南的猜也、博它仑、宋卡、北大年等地，往南一直延伸到马来亚、印尼、印度、菲律宾和锡兰；更有甚者，连埃及的西奈半岛都发现有宋胶洛陶瓷碎片。"[1]可以肯定的是，宋加洛瓷器在贸易中的繁荣与中国瓷器在国际市场中的断代密不可分，那么是否也是随着中国瓷器的恢复而衰落甚至消亡的呢？

早期的学者多认为是由战争造成了宋加洛瓷器的衰亡。如朱杰勤认为："宋加洛瓷器到十五世纪就开始衰落了。因为暹罗的阿瑜陀耶王朝与清迈和琅勃拉邦长期交战，宋加洛受到多次摧残。一四六〇年和一四六四年大部分地方先后被破坏，陶瓷工人都纷纷撤退了，瓷器也停止生产，后来也没有复兴。"[2] 这与之前《中外关系史辞典》中葛治伦编写的条目中的内容是一致的。泰国学界则多认为是 1584 年，如之前《泰国青少年百科全书》中所述，因纳黎萱大帝为抗击缅甸攻打萨旺洛城而终止了宋加洛瓷器的生产。而披利亚·盖吩葛采用艺术史的研究方法，通过考证沉船"冈奥号"中宋加洛瓷器的年代，得出了与以往不同的结论，认为："宋加洛瓷器的生产并没有像以前推断的那样在 1584 年就终止了，在那莱王（公元 1656—1688 年）时期依然作为出口商品在继续生产，即中国关闭了景德镇窑的那段时期。……宋加洛瓷器的出口应该结束于 18 世纪初，中国重新恢复了景德镇瓷窑，宋加洛瓷器不得不停止了对外贸易生产，因为质量和价格都无法与中国瓷器相比。"[3] 这与清兵入关后景德镇停止生产，而后又恢复生产的那段历史相吻合。目前这一观点正在被越来越多的学者认可，笔者也同样表示认同。首先，宋加洛瓷器行销之广，销量之大，应该是经历了一个相对更长的贸

---

① 段立生. 泰国文化艺术史[M]. 北京：商务印书馆，2005：179.
② 朱杰勤. 中国陶瓷和制瓷技术对东南亚的传播[J]. 世界历史，1979(2)：20-29.
③ พิริยะ ไกรฤกษ์, การกำหนดอายุเครื่องสังคโลก, "อยุธยากับเอเชีย-สุโขทัย-สังคโลก" เรื่อง สัมมนาวิชาการนานาชาติ, พฤษจิกายน 2001.

易时期。在排除了战争等极端因素的影响后,它从兴起到衰落更可能是一个循序渐进的过程。其次,作为中国瓷器的替代品,宋加洛瓷器在海外贸易中的兴衰也必然与中国瓷器的断代与复兴息息相关。施坚雅在他的书中引用了雷金纳德·李梅(Reginald S. Le May)的观点:"华人在宋胶洛瓷器装饰中的影响约在15世纪上半期时就已消失了。这说明那时外国瓷匠的后裔已经被同化了。"[1] 这说明在15世纪,宋加洛瓷器已与同期的中国瓷器表现出了较大的差异性。在中国瓷器重新夺回市场后,宋加洛瓷器可替代中国瓷器的属性就逐渐减弱并最终失去了竞争力。此外,基于逻辑推演上的延伸,笔者认为宋加洛瓷器的最终消亡不可能随着外贸生产的停止而戛然而止,随着中国瓷器再次风靡,本国对宋加洛瓷器需求的大幅减少才是生产终止的最终原因。"泰国王公贵族以使用中国瓷器为荣耀。从阿瑜陀耶王朝后期到曼谷拉玛五世时(公元1868—1910年)止,暹罗王室及贵族使用的瓷器都直接向中国定制,产品图案设计虽为暹罗风格,但均出自中国匠人之手。"[2] 与在海外贸易的鼎盛时期能够随着市场需求不断打磨工艺恰恰相反的是,各方需求的减少使宋加洛瓷器这门文化艺术的发展最终停滞了下来,并定格在了各种文物与古迹之中。

宋加洛瓷器是古代海上丝绸之路上的一段佳话,承载着中泰两国人员往来、物质交流、商贸沟通、文化传播、艺术融合等一系列悠久的历史,是异质文化下人类共同审美观与价值观的体现。目前有关宋加洛瓷器的研究依然存在诸多争论和困惑,亟待两国不同领域的学者共同努力,加强研究。相信随着两国在"一带一路"倡议下的合作与交流,宋加洛瓷器的真实情况必将会大白于天下,两国人民古已有之的深厚共鸣将随着研究的深入再次得以证明。

---

[1] [美]施坚雅. 泰国华人社会:历史的分析[M]. 许华,等译. 厦门:厦门大学出版社,2010:5.
[2] 杨保筠. 中国文化在东南亚[M]. 郑州:大象出版社,2009:64.

政治与社会

泰国政府对姓名资源的控制与社会整合

金 勇

(北京大学外国语学院)

摘要：姓名作为人类社会中最广泛的社会现象之一，历来被视为一种私人事物，但姓名的变化却可以反映社会的变迁。泰国政府高度重视姓名这一重要的社会文化资源，甚至动用国家权力，采取行政手段，通过姓名控制将个人活动纳入国家政治生活。本文将揭示姓名如何在泰国政治中发挥作用，以及通过《佛历2456年制姓条例》和泰国华人姓名的泰化过程这两个个案，来探讨泰国政府如何进行姓名控制，进而实现社会整合。

关键词：泰国；姓名系统；社会控制；社会整合

姓名是人类社会最广泛的社会现象之一，也是人们在生活当中最熟悉的一种社会交际工具。姓名蕴含着人们对世界的观察和认识，具有丰富的社会文化意义。对于姓名的研究可追溯上千年，但是姓名学成为一门学科却是晚近的事情。作为一个跨学科的领域，姓名研究是对其他学科，特别是专名学（Onomastics）和文化学（Culturology）的研究方法的继承和拓展。简而言之，对姓名的研究是把姓名作为一种文化资源，把姓名控制作为一种社会实践来进行研究的，目的是使人们了解姓名作为一种交流系统，是对社会秩

作者简介：金勇，北京大学外国语学院东南亚系副教授，北京大学东方文学中心成员。

序的心理间（Interpsychological）和心理内（Intrapsychological）的表征，并帮助人们将这种表征用于建构社会行动。

姓名首先是一套符号，是隐藏在一个人"生活和思想中的象征"，但是"只有交流，符号才有最实际的意义和价值，才发挥了符号特有的功能"①。从历时性的角度看，姓名不仅仅是一种社会分类的标识，而且具有相对稳定的社会意义结构，包括特定人群的价值判断、宗教信仰、自然观念、社会选择、亲族角色、家族意识等。姓名具有明显的导向作用。它把上一代确认的价值导向像接力棒一样承继过来，并转交给下一代，因此往往也把姓名看作是文化复制的一部分，这也体现了社会规则中的习惯法原则。

作为符号系统，姓名不仅塑造着我们对于现实的理解、构成人类交往的基础，而且帮助确立并维持社会等级。姓名对于个人而言是私人的、独特的，但是一个社会群体的姓名所构成的系统却表现出强烈的趋同性，这个时候每个个体的姓名就成为国家形态表征的一部分，它与民族语言、价值取向、身份认同、意识形态等密切相连，是各种社会观念的集中。此时，姓名便不再只是单纯的个人身份标识和私有财产，更是一笔无形的社会资源，在平衡个人与国家之间的关系、稳定社会秩序、调整社会结构等方面都发挥着重要的作用。

泰国政府历来非常重视国民的姓名这种社会资源，甚至动用国家力量，采取行政手段，通过自上而下的整合，将个人的活动纳入国家的政治生活中，使国家的宏大概念在个人身上得以呈现，从而实现对社会的控制、对国家的管理。本文旨在揭示人们的姓名是怎样在政治领域发挥重要作用的，以及泰国政府如何通过控制姓名来实现社会整合。笔者将通过两个具体个案来探讨这一过程：一个是泰国"姓"的制定和推广；另一个是政府通过姓名控

---

① 乌丙安. 民俗学原理[M]. 沈阳：辽宁教育出版社，2001：218-219.

制,促进对泰国华人的归化整合。

一、姓名系统与社会控制

每一种社会行为、关系和安排都渗透着道德行为的规范性品质,而道德秩序是所有社会组织的一个基本方面。社会控制保护了群体的道德秩序。[①] 社会控制(Social Control)的概念最早是 1901 年时由美国社会学家爱德华·A.罗斯(Edward A. Ross)在《社会控制》(*Social Control*)一书中使用的,之后经过帕森斯、庞德、布迪厄等人的发展和充实,成为社会学和法学上的重要概念,它是指运用社会力量对人们的行动实行制约和限制,使之与既定的社会规范保持一致的社会过程。从社会控制的本质来看,它具有明显的"超个人性",它总是集中地反映了特定社会组织的利益和意志,也正是这种凌驾于个人之上的超个人性,使它更有力地控制个人。

尽管存在意见分歧,但社会学家确定了两种基本的社会控制形式:一种是规范和价值观的内在化;另一种是使用制裁,制裁可以是积极的(奖励),也可以是消极的(惩罚)。因此,实施社会控制的手段可以是正式的,也可以是非正式的。社会控制的核心动力被视为从非正式社会控制的扩散机制向由法律和其他正式控制机构主导的转变。[②] 非正式的社会控制手段对维持社会秩序至关重要,但社会学家也认识到,随着社会变得越发复杂(应对紧急情况),正式手段也是必要的。法律、制裁和其他形式的官方控制正在越来越多地渗透到非正式社会控制的边界。在现代社会,习俗和规范更多地受到法律的影响,通过法律手段的控制比以往任

---

① Allan V. Horwitz,*The Logic of Social Control*,New York:Plenum Press,1990,p.1.
② Allan V. Horwitz,*The Logic of Social Control*,New York:Plenum Press,1990,p.5.

何时候都要多。

社会秩序是一套相互联系的社会结构、制度和实践，它们保存、维持和执行一种正常的关联和行为方式。它是相对稳定的，但仍需要社会控制来帮助维持它。一个合理、稳定的姓名制度是社会秩序的具体体现。从名字的起源看，命名正是把"无序"转化为"秩序"的行为。当人们具有语言能力之后，他们用语言符号来指代一个人，以区别于其他人。

作为一名社会成员，每个人都有两种出生方式："生物性出生"（Biological Birth）和"社会性出生"（Social Birth）。后者是相对于前者而言的。个人的姓名往往是由一个"社会化的人"[①]赋予的，被命名者通过命名加入社会的符号体系中来，从而变成社会活动的一分子。个体的生命通过姓名与其他人的生活史联系起来。因此，一个社会个体必须有一个适当的名字，这样他才能适应社会，参与各种社会活动。虽然每个姓名都是以具体的字词形式呈现，但我们不应将姓名简化为社会人群的能指。命名实践可以表达关于广泛的社会分类系统的信息。姓名可以提供有关性别、亲属关系、阶级、婚姻、种族和宗教等信息，反映现有的分类群体。

从社会认知模式上看，一个广泛的符号系统，如姓名系统，如果仍然处于无序的混乱状态，无疑将会影响社会的稳定，这是任何一个政治集团都不愿意见到的，必然需要政治权力的介入和调控。正如朱迪思·巴特勒（Judith Butler）所言："权力开始以一种不同于自身的形式出现，事实上，它是作为一个名字出现的。"[②] 社会成员"总是处于同时经受和行使这一权力的

[①] 参与命名的人可以是父母、师长、亲戚、朋友、长辈等等，甚至包括个人后来自己取名，他们都有一个共同的特征，就是他们都属于"社会化的人"，通过命名这种方式使被命名者步入社会化。

[②] Judith Butler, *Excitable Speech: A Politics of the Performative*. New York: Routledge, 1997, p.35.

地位"①。姓名是一种社会符号资源,姓名系统就需要服从于国家的主权和社会的整合。因此,几乎每个国家都需要通过法律、制裁等政治条款对符号资源进行调控,通过对社会个体的姓名进行规范化处理,以达到"国家多元一体"的目的。②

泰国政府非常重视泰国人的名字,并采取多种手段来对姓名进行社会控制。但需要指出的是,这种控制是一种广义的社会控制,它不是对社会成员越轨行为的惩罚、制约和教育,而是基于社会规范,对社会成员的社会行为进行调节和约束的过程。通常情况下,它都是以国王御令(封建王权时期)或者条例条文等非强制性手段,或称"软控制"方式下达和实施,而不是通过法律、监狱、军队等暴力强制性国家机器实施的,因此社会个体有一定的自主选择权。但是,泰国政府会通过各种配套和相关的软控制手段,如风俗、习惯、伦理道德、社会舆论等,使社会成员能够自发地接受政府的调控,从而取得通过暴力手段的"硬控制"无法达到的效果。

二、泰国的姓名文化与社会控制

一个现代泰国人完整的姓名结构由名、姓和小名③这三部分构成,形成了今天泰国独具特色的姓名系统。然而,泰国人有姓的历史仅有一百多年,直到1912年曼谷王朝六世王瓦栖拉兀颁布

---

① M. Foucault, "On governmentality," In G. Burchell, C. Gordan and P. Miller, ed,. *The Foucault effect: studies in governmentality*, Chicago: University of Chicago Press, 1991, p.214.
② 纳日碧力戈. 姓名论[M]. 北京:社会科学文献出版社,1997:148.
③ 泰国人的小名与其他国家不同。现代泰国人有两个名字:正式场合使用的真名,以及用于家人、朋友和其他亲密的人之间的小名或昵称。泰国人的小名不仅是年幼时的乳名,长大后依然继续使用。这些小名短小精悍,通常是一个或两个音节,简单易记,所以小名在泰国的非正式社交生活中扮演着重要的角色。

《制姓条例》（พระราชบัญญัติขนานนามสกุล）之前，泰国人一直是处于"有名无姓"的状态。

在阶级社会，人的名字是具有"明贵贱、别等级"的功能的，泰国人名的发展也是沿着王公贵族和平民两条路线发展。总体而言，上层统治者的名字往往使用大量梵巴语借词，因此显得繁复冗长，较为雅致考究；而普通百姓的名字则比较简单，往往是只有一个音节的纯泰语词。随着社会的发展，特别是推翻了君主专制制度、建立君主立宪制的 1932 年暹罗革命（或称 1932 年暹罗政变）之后，二者之间的差距才逐渐缩小。在古代，由于人名多为一个单音节的词汇，人名重复的概率很高，在日常交际中经常会出现混淆个体的情况，给人们的生活带来了诸多不便。在人口较少且流动不多的情况下，"有名无姓"并不算麻烦的事情，可以通过一些变通方法解决，如称名时加上个人的体貌或性格特征、籍贯、职业职务、父母名字、官爵封赏等。但是随着社会的发展，人口流动日益频繁，重名所带来的问题日益凸显，给国家的管理带来了越来越多的麻烦，特别是在人口普查的时候，无法确认专名所属的人口，因为有太多的人同名。此外，由于姓的缺失，很难追溯家族血统，而泰国人也没有像中国人那样记录家谱的习惯，宗族关系变得更加混乱和不稳定。因此，泰国人的宗族观念比家庭观念要少，宗族关系的混乱也对社会的稳定产生了负面影响。

六世王瓦栖拉兀显然也意识到这个问题的严重性，他曾在一篇日记中写道：

> ……姓或者氏，其他国家皆已具备，而我国尚未拥有。如今，时机已经成熟，当适时考虑制定姓氏以方便我国民众使用。其最显而易见的结果莫过于，今后户籍普查登记之事将不会再杂乱无章、乱作一团了。实际上，更为重要的是，它可以令我们追溯怀念自己的祖先。他

们辛勤劳作，成家立业，在国家的历史上青史留名。作为后辈，我们接过了他们的衣钵，则更应律己修身，保持优良传统。因此，对于那些值得纪念的名字，应小心维护使之万古流芳。我辈需谨记，切忌自私自利，莫以为"凡己事皆只为己事"，对于自己名声和家族荣誉，皆需同样加倍珍惜……①

六世王还在其他不同场合发表过类似的意见。此外，他还有另一层想法，他所谓的"姓"（ชื่อสกุล）并非中国人的"姓氏"（แซ่），而是像西方那种形式。他发现当时比较发达的西方国家都采用姓的制度，因此，他把一个国家有没有姓看作是一个国家发不发达、有没有现代化的重要标志之一。从18世纪末开始，欧洲列强在东南亚的殖民扩张日益深入，由于四世王蒙固王和五世王朱拉隆功的外交技巧，再加上朱拉隆功国王大力推行的现代化改革，暹罗（泰国）成为东南亚唯一没有沦为西方殖民地的国家。著名的暹罗国王和精英渴望把暹罗人从未开化状态变成"欧洲人那样的文明人"②。泰语的"文明"（ศิวิไลซ์）一词是从英语"civilization"一词翻译过来的，虽然借自梵语的泰语词"*arayatham*"（อารยธรรม）也有相同的意思。蒙固王和他的继任者以及后来的銮披汶军人政府进行了许多雄心勃勃的尝试，以使泰国文化"文明化"。与此同时，泰国民族主义情绪也持续高涨，在六世王瓦栖拉兀国王的统治时期达到高潮。瓦栖拉兀认为，除物质之外，在与"文明"有关的礼仪体系中，泰国还需要不断向西方靠拢。他采取了许多措施来

---

① [泰]曼谷王朝六世王瓦栖拉兀. 帕蒙固诰国王每日纪事[M]. 曼谷：帕蒙固告宫廷学校印刷厂，1974：47-48.
② K. S. R. KULAP, *Thai Japanese Friendship Association*, Bangkok: Ayatiwat Progress Reprint, 1995, pp.81-82. See Thongchai Winichakul, "Quest for 'Siwilai': A Geographical Discourse of Civilization Thinking in the Late Nineteenth And Early Twentieth-Century Siam", *The Journal of Asian Studies*. Vol.59, Iss.3, August 2000, p.530.

效仿西方，例如采用西方礼仪和模仿欧洲国家的"三色旗"来设计国旗等。在这些举措中，瓦栖拉兀时期的姓名控制措施具有重要意义，但却往往被人忽视。正如瓦栖拉兀在其御著中所宣称的："对泰国人而言，我们以前很少有机会见到欧洲人，所以我们不得不向比我们更发达的中国学习。我们曾在许多方面大量借鉴中国文化。自从那些欧洲人来到我们的国家，他们带来了知识和文明，并传授给我们，因此中国文化并不是我们学习的唯一模式。例如，我们没有使用中国的姓氏(ชื่อแซ่)，它只在少数高级贵族中使用过。对个人而言，我们从一个特定的宗族(เชื้อวงษ์)称呼他。虽然我们使用这种姓氏已经很久了，但它并没有扩大到普通人。现在我们已经有了姓了，可以说我们已经赶上了现代意义上所谓的文明人，因此我们要强于那些仍然使用'姓氏'(แซ่)而不是'姓'(นามสกุล)的国家。"①

尽管瓦栖拉兀完全误解了中国的姓氏的含义，但他的话无疑反映出他迫切希望能够借助姓名制度的完善和规范，达到提升泰国人的国际形象、改变泰国落后面貌的目的。此外，他也希望姓能够激发泰国人的民族主义精神，珍视家族荣誉进而维护国家尊严，促进泰国文明的进步和发展，最终使泰国获得同西方列强同等的国际地位。因为姓被认为是家庭道德准则的支柱，一个人的行为可能会影响到整个家庭和其他同姓之人。它有助于泰国人家族观念的形成，进而形成泰国的民族认同。虽然姓的采用并没有改变泰国的文明状况，但它在泰国社会的发展中发挥了重要作用。

1912年3月22日，六世王瓦栖拉兀颁布了制定姓的法案，准备在1913年7月1日开始在法律上生效，在全国正式推行，即《佛历2456年制姓条例》②（以下简称《条例》）。后来由于工

---

① [泰]曼谷王朝六世王瓦栖拉兀. 姓之轶事[M]. 曼谷：敬爱王室社团，2001：5.
② 泰国使用佛历记年，佛历与公历相差543年，佛历2456年即公历1913年。

作量很大，无法在限期内完成全国公民姓的注册工作，六世王先后两次颁布御令推迟执行期限，最终推迟到1915年4月1日才开始正式实行姓名制度。在《条例》中规定，凡是泰国的居民，包括移民到泰国的外国居民一律都要具足姓和名。后来还补充规定，居民要到指定地点登记注册姓名；如果注册官员认为该姓的持有者过多或者不太合适，他有权责其更改，否则不予注册；如有不登记使用姓者，轻则罚款，重则会有牢狱之灾。从此以后，姓很快就在泰国传播开来。

瓦栖拉兀国王是以西方为范本移植姓名系统的，即按照名先姓后的顺序排列，并称其姓。但是泰国人在称呼的时候更习惯于称名，而不是像西方人那样称姓。但无论如何，姓开始深深植根于泰国的姓名文化之中，并成为他们日常生活中的重要组成部分。需要强调的一点是，王室在泰国姓名问题上的教化、宣传和归化作用极大地改变了泰国人姓名的面貌，泰国能在短短几十年里面使得姓名规范化、制度化，泰国王室功不可没。泰国的姓的产生完全是一种自上而下的变革。突然改变一种延续几百年的习惯和传统并非易事，因为传统的承继总是有惯性的。而泰国仅在两年多的时间里就实现了让全国人都具足正式登记在案、在正式场合使用的标准姓，这不能不说是个奇迹。在这点上，如果没有全国民众对于国王无条件的尊崇和信从，这几乎是不可想象的。这也是泰国根深蒂固的等级观念和尊敬王室的社会文化的真实写照。

事实证明，姓并没有使泰国实现与西方平起平坐的愿望，但是却极大地改变了泰国人的面貌。一方面在与西方国家进行交流，特别是人员往来身份证件的确认和文化交流与理解上，姓的使用减少了一些不必要的麻烦，使交流更加便利顺畅；另一方面也保证国家人口普查和身份证件的管理工作能够顺利进行。这些都是现代国家的行政管理和生活方式，因此尽管在预期目标上与六世王有一些出入，但是姓的确在一定程度上推动了泰国现代国家的建设进度，有利于国家政策的制定与执行。

三、泰国华人姓名的归化整合

在过去的 200 年里，华人在包括泰国在内的大多数东南亚国家的经济中占据主导地位。为了有效地利用这一群体，最大限度地实现政治稳定和经济增长，这些国家需要在这些中国移民中形成某种程度的归化认同。泰国政府一贯强调泰国人的同质性，强调泰国人共同的身份认同，即所谓的"泰国性"（Thainess/ความเป็นไทย）。①

泰国一直是一个多族群的国家，但它也被认为是东南亚民族最单一的国家。长期以来，华人一直是泰国民族融合的一个特殊问题。由于海外华人的经济影响力和与中国大陆的联系，自 20 世纪以来，海外华人的自我认同问题呈周期性的上升。

由于他们对种族的忠诚和优越感，他们一直都是中国人。他们认为在暹罗居住是暂时的，他们来这里唯一目的是为了赚尽可能多的钱。当他们与泰国妇女结婚时，他们强迫他们的妻子成为中国人，把他们的孩子抚养成中国人。②

泰国王室和政府千方百计地要将在泰国的华人归化为泰人，如通过奖励官职、封爵贵族或通婚等方式。同时，泰国政府也采取了相应的措施来降低华人移民的所谓"中国性"（Chineseness）程度，加强对华人移民的同化政策。这些努力的最终目标是将在泰国的华人移民变成泰国的多数族群"泰族"的一部分。

瓦栖拉兀国王在许多方面都是泰国新兴的民族主义的典型代

---

① Thongchai Winichakul, *Siam Mapped: A History of the Geo-Body of a Nation*, Honolulu: University of Hawaii Press, 1994, p.3.
② G. William Skinner, *Chinese Society in Thailand: An Analytical History*, Ithaca, New York : Cornell University Press , 1957, p.164.

表。在他执政初期,1913年4月10日,泰国政府颁布实施了第一部《国籍法》,确认了血统原则,声明"泰人父亲在泰国或外国领土所生的每个人"都是泰国人。几乎同时,瓦栖拉兀国王起草了《制姓条例》,该法案于1912年3月颁布,并于1913年7月在全国施行。这两个法案密切相关,二者之间存在着一定的联系,而且都是瓦栖拉兀国王制定的泰国政府归化政策的一部分。根据《佛历2456年国籍法》,在暹罗出生的华人移民的后代在法律上都被视为泰国人,尽管他们按中国的《国籍法》仍属于中国人,而且许多人仍效忠于被视为其祖国的中国。根据瓦栖拉兀的意图,《制姓条例》不仅针对泰国的泰族人,还包括在泰国的外国移民,特别是华人移民。如果某人拥有泰国国籍,那么他/她就必须在身份证上使用泰文的姓名。一方面,瓦栖拉兀国王向希望取得泰国国籍的上层华人赐御姓,以笼络他们的人心。这些御姓都是纯正的泰式的姓,没有中文的痕迹,一些华人移民进入了泰国贵族阶层,接受了瓦栖拉兀国王创造并授予的御姓。另一方面,《制姓条例》生效后,瓦栖拉兀国王又颁布了一系列补充规定,不断充实和完善制姓规则。他特别强调"种族原则"(principle of race),即在泰姓中体现本人的族属出身。对于华人移民,他们可以保留本人华姓的痕迹,在他们的新的泰式姓名中保留华姓的中文发音或保留其意义。此举意在加强对华人的管理,因为姓可以反映出一个人的族属出身,以便于专门管理。此外,按照瓦栖拉兀国王的计划,让华人在泰国姓名中保留一些中国特征,也出于拉拢这部分华人的考虑。中国人的宗族观念非常强,中国社会的传统也是一向以家族和由家族衍生的组织形态及其观念来维系的。华人背井离乡,漂泊在外,他们都把中文和姓名视为保持和维护民族文化传统的重要组成部分和维系华人故土血脉的精神纽带。为了争取这些华人移民加入泰国国籍,让他们保留一部分自己的文化,做出一定的让步是必要的。然而,出乎六世王预料的是,针对华人的《制姓条例》和《国籍法》双管齐下的政策成效并不显著，他又加紧了对华人文化教育的限制和打压，这更遭到华人的激烈对抗。1919年，在泰国的华侨公推陈沅回国请愿，要求北京政府向暹罗政府交涉，保护华侨正当权益。陈沅在请愿书中痛陈暹罗《国籍法》的罪恶，直言"独愿做中国人死，不愿为外国人生"①。

  大量的华人移民仍然自认是中国人，当然，他们也拒绝使用泰国的名和姓。20世纪初，在泰国民族主义的压力下，泰国华人社会开始发生变化，"总之，主要趋势是从地下活动走向合法性，从分裂走向凝聚力，从非正式组织走向正式组织，从社会无政府状态走向社区责任"②。尽管华人来自中国不同的地区，属于不同的方言群体，但他们还是组织了中华总商会，并建立了由所有方言群体赞助的新型华文教育学校。中国移民的大规模涌入仍在继续，并在20世纪20年代达到高潮，随后略有下降。③ 华人的问题仍然很严重，曾氏（Tsan）在他的文章中提到一位在20世纪20年代被任命为警察局长的华人："虽然这个男人的母亲可能有暹罗血统……他的父亲是纯正的中国人。他看起来绝对是个中国人。他过去经常用中文名字到处走动，他说中文就像一个真正的中国人。"④

  但是这些华人受到了泰国方面的冷遇。20世纪40年代，銮披汶政府发起了一场针对在泰国的中国商人阶层的排华运动，华文学校和报纸被迫关闭，对华人企业的税收增加。披汶·颂堪总理实施了一项经济泰国化（Thai-ification）的强化计划，并遏制和打压华人。政府大力推行的经济泰国化对华人商人来说是一场灾

---

① 陈炎，陈玉龙. 魏维贤七十华诞论文集[M]. 北京：北京大学出版社，2000：275.
② G. William Skinner, *Chinese Society in Thailand: An Analytical History*, Ithaca, New York: Cornell University Press, 1957, pp.165—166.
③ Ibid., Chapter Six.
④ Ibid., p.245.

难。由于披汶政府的限制是基于国籍而不是种族，因此对那些将国籍由中国籍改为泰国籍的人没有直接影响，只要他们加入泰国国籍，成为泰国公民，就不再受到任何限制了。这些新泰国公民相应地使用泰国的姓和名，他们在宣誓效忠国王后，就可以不受限制地继续他们的经济活动。这些华人家族企业的成功，带动了其他华侨加入泰国国籍，使用泰式姓名，这也逐渐在华人中间成为一种潮流。此后，华人使用泰姓和泰名的人数急剧上升。泰国政府领导人一直关注华人的姓名控制问题，比如1968年，在他侬·吉滴卡宗(Thanom Kittikachorn)担任总理时，泰国政府曾经硬性规定在学校上学的华人学生一定要使用泰姓和泰名，也使得许多华人使用泰式姓名。

此外，在泰国的华人愿意采用泰式姓名还有其他一些原因。据克立·巴莫(Kukrit Pramoj)说，第二次世界大战期间，日本军队在泰国登陆，并开始逮捕和迫害与中国政府有瓜葛的华人。为了保护这些泰国华人免受迫害，泰国政府建议他们用泰国名字而不是中国名字来欺骗日军。① 杜西·南芬(Dusit Namfon)也给出了解释，一些被称为"陆津"(ลูกจีน)的华人后裔认为自己是两种文化的"边缘人"，既不是纯粹的中国人，也不是纯粹的泰国人，而且在学校会被取笑为"*chek*""*aidi*""*amuai*"，这些都被认为是对华人的蔑称。因此，他们希望通过将自己的名字改成泰国名字来更好地为泰国社会所接受。② 结果，在泰国的华人都开始使用泰姓和泰名。今天，几乎所有在泰国的华人都变成了华裔泰人，在身份证上使用泰国名字和姓。

---

① [泰]克立·巴莫. 克立论华人(泰文)//皇荫庇护下的华人200年[M]. 曼谷：经济之路出版社特刊，1987：38.
② [泰] 杜西·南分. 泰国社会的华人融合(泰文)//皇荫庇护下的华人200年[M]. 曼谷：经济之路出版社特刊，1987：71.

四、华裔泰人的姓名状况

今天的华裔泰人的名字也由3个部分组成，包括名、姓和小名，名字使用泰语字母和单词，先名后姓，并相互称名，无论形式还是使用习惯，都与任何一个纯泰族人别无二致。但我们仍能感受到它们之间的一些细微差别。

在华裔泰人姓名体系的3个组成部分中，姓的差异最具代表性。大多数华裔泰人申请泰姓的时间要比泰人晚。与泰语的名相比，姓的历史相对较短。在泰国的下一代华人出生时都有一个泰国名字，但仍然使用华人姓氏。当他们意识到仅有泰名还不够本地化时，他们便开始申请泰国的姓。由于登记新姓的规定要求该姓必须是唯一的，如果出现重复，申请人需要创建一个新姓，然后重新提交。后来的华人申请人不得不以较低的重复概率创造新的姓，因此，华裔泰人的泰姓通常更长、更复杂。一些华人不想放弃他们的华裔特征，所以他们试图在他们的新泰姓中保存它。宛妮达·加伦素(Wanida Charoensook)对华裔泰人的姓进行过详细的研究。[①] 根据宛妮达的说法，在姓的模式和结构上，有2种构建华裔泰人的姓的方式：一种是保留一些原来的华姓的痕迹；另一种是创造一个新姓，与旧的华姓没有任何联系。前者可分为3大类，即仅保留华姓语音、保留华姓语义和兼顾华姓语音和语义。示例如下。[②]

---

① [泰]宛妮达·加伦素. 泰国华人姓氏研究：从民族语义学角度(泰文)[D]. 朱拉隆功大学文学院语言学专业硕士论文，1989.
② 以下分类选自宛妮达·加伦素的论文。部分例子来自笔者在泰学习时的泰国朋友，另有部分例子选自[泰]本萨·汕拉威编写的《225个华姓的起源》(泰文)一书。 这些华姓是按照汉语方言发音，多数为潮州音和福建音。

1. 仅保留华姓语音

(1)较完整地保留华姓语音。

①保留全部华姓语音,并加上泰语词:

原来华姓	中文	新取的泰姓
แซ่กู้	顾	กู้เชิดชูวงค์
แซ่ตั้ง	董	ตั้งวิริยะพัน
แซ่ล้อ	罗	ล้อสกุลธรรม
แซ่เถียน	田	เถียนมิตรภาพ

②泰姓里使用的词包含华姓的语音:

原来华姓	中文	新取的泰姓
แซ่กัง	冈	กังวานทวิทรัพย์
แซ่คู	丘	พบคูทอง
แซ่จัง	曾	วิเศษจัง
แซ่ผู่	浦	เถินภูวิไล

③所使用的泰语外来语借词(通常是梵巴语)翻译过来,包含华姓的语音:

原来华姓	中文	新取的泰姓	意译过来的泰文词
แซ่จัน	曾	พงศ์ศศิธรพิทักษ์	ดวงจันทร์
แซ่จัน	曾	แสงรัชนี	ดวงจันทร์
แซ่ตั้ง	董	ฤดีกิจดำรง	ตั้งอยู่

(2)一些新泰姓部分保留原华姓的语音或相近音。

①选取起始辅音与华姓相同的泰语词：

原来华姓	中文	新取的泰姓
แซ่จู	朱	จารุพรสมบัติ
แซ่ลี้	李	เลิศก่อวัฒนพงศ์
แซ่คู	丘	คุณบันลือยศ
แซ่หม่า	马	มโนมัยวิมุคย์

②选取起始辅音和元音与华姓相同的泰语词：

原来华姓	中文	新取的泰姓
แซ่จิว	周	พบจินดา
แซ่โซว	苏	โซ่ชัยอนันต์
แซ่โต๊ว	杜	โตเต็มโชคชัยการ
แซ่แพ้	彭	แพตระกูล

③选取起始辅音和结尾辅音与华姓相同的泰语词：

原来华姓	中文	新取的泰姓
แซ่อึ้ง	尹	องอาจมณีรัตน์
แซ่ฮั้ง	韩	ห้างชัยเจริญ
แซ่ย้ง	荣	ยงวณิชชา

④选取起始辅音、元音和结尾辅音与华姓相同并具有吉祥含义的泰语词：

原来华姓	中文	新取的泰姓
แซ่ลิ้ม	林	ลิมป์กิตติคุณ
แซ่เหลี่ยว	廖	เฉลียววงศ์เจริญ
แซ่ห่าน	韩	หาญเผชิญโชค

2. 仅保留华姓的语义

很多中文姓氏都是有意思的，因此在取泰姓时有时候也会照顾到这一点，具体说来有以下 3 种方式。

①保留华姓含义，使用简单的泰语词汇：

原来华姓	中文	泰文含义	新取的泰姓
แซ่กิม	金	ทอง	ธงทองสถิตกุล
แซ่เบ๊	马	ม้า	ม้าทอง
แซ่ลิ้ม	林	ป่าไม้	ไม้วัฒนา
แซ่ว่อง	黄	เหลือง	เหลืองวรกิจ

②保留华姓含义，使用复杂泰语词汇，通常是梵巴语借词：

原来华姓	中文	泰文含义	新取的泰姓
แซ่กอ	高	สูง	อัครโกเมน
แซ่กิม	金	ทอง	สุวรรณมหาคุณ
แซ่บู้	武	ต่อสู้	ยุทธพงศ์พิสุทธิ์
แซ่ลิ้ม	林	ป่าไม้	พนาภัทร

③保留华姓含义，使用与原意相近的泰语词汇：

原来华姓	中文	泰文含义	新取的泰姓
แซ่เตียว	刁	ฉลาด	หฤทัยปราชญ์
แซ่บู้	武	ต่อสู้	องอาจเอกะวรรณะ
แซ่ลิ้ม	林	ป่าไม้	พฤกษ์เสริมศักดิ์
แซ่ลี้	李	ชื่อต้นไม้ชนิดหนึ่ง	กัลปพฤกษ์ชัย

3. 保留华姓的语音和语义，但这种情况很少见

原来华姓	中文	泰文含义	新取的泰姓
แซ่โต๊ะ	卓	วิเศษ	โต๊ะวิเศษสุข
แซ่อึ้ง	黄	เหลือง	อิสระกาญจน์กุล

当然，从绝对人数上讲，泰姓与原来华姓相关的华人还是少数。毕竟泰语和中文两种语言在语言结构上的差异明显。汉字是为书写汉语而发展起来的标志符号，而泰国人使用的是衍生自孟—高棉字母、仿照印度天城体文字书写的泰文字母。要在泰文中保留中文的特色实非易事。因此，大多数华人取泰姓的时候并不拘泥于原来的华姓。但是这并不是说毫无规律可循，这些华人在取泰姓和泰名的时候选取的泰语词汇的含义往往都反映了华人这个特殊群体的价值观，如反映他们渴望家族兴旺、繁荣富裕、吉祥如意等心理。对他们来说，这些价值观念是非常重要的。

如今，第二代、第三代华裔青年的名字已经高度泰化了，但是在一些更为私密的小名上，却也透露着使用者的华裔身份。小

名是泰国极具特色的一种现象,在泰国社会生活中占有重要地位。在语言交际中"经济原则"①的制约下,小名作为泰国姓名制度的补充,比真名短,往往取代冗长繁复难记的姓和真名,作为个人标识。在日常生活中,除最正式的场合外,使用频率更高。华裔泰人也采用这种小名。他们中的一些人会使用一些具有中文色彩的词汇作为他们的小名。这并非为了保留他们的中文姓名的痕迹,而是为了显示他们的华裔血统或仅仅出于兴趣,比如使用与某个汉字发音相近的词,甚至使用"chek""aidi""amuai"等原本带有对老华人移民戏谑称呼的词。

五、华人对泰国政府姓名归化的回应

正所谓"名不正则言不顺",姓名对一个人的自我意识有着积极的影响。众所周知,中国人有强烈的家庭和血缘意识,姓名在中国文化中遵循了许多古老的传统,中国社会也是建立在家庭和宗族的基础上的。在泰国的华人也不例外,他们一直保持着古老的传统和宗教,包括使用传统的中国名字。他们对于从祖先那里承继下来的姓氏和父母给予的名字都倍加珍视,他们把姓名和民族语言文字都视为保持和维护民族文化传统的重要组成部分和维系华人故土血脉的精神纽带。

是什么原因促使他们改变了自己固守的传统,把自己的姓名"泰化"了呢?这其中的原因很多,笔者认为主要有两方面原因:一是泰国政府长期不懈地对华人的不断同化和控制;二是当地华人对泰国社会的认同程度不断加深。

泰国政府施行了一些归化华裔泰人姓名的政策。这些政策除

---

① "经济原则"在这里指以尽可能简单和高效的方式命名,简单易记,便于传播。详见纳日碧力戈. 姓名论[M]. 北京:社会科学文献出版社,1997:124-126.

在披汶政府这样极端民族主义时期外，总体上是相对开放和温和的。经过多年的发展，泰国的华人对泰式姓名的态度开始由强烈抵制转变为逐步接受，最终，使用泰式姓名已经成为一种自觉的行为。这一变化也反映了他们身份认同的变化。

起初，大多数使用泰式姓名的华人是因为害怕来自泰国当局的经济和政治压力，特别是来自披汶政府的压力。当然，这其中并不包括那些接受国王御赐姓的人。这些华人虽然采用泰国的姓名，但并没有充分分享泰国人的身份认同。他们尽最大努力在泰国名字中保留他们的中国名字的痕迹，尤其是姓氏。

几十年后，大多数融入泰国社会的华人都已安顿下来，落地生根。他们往往拥有重要的经济地位，同时政治影响力也在不断增长。一些华裔泰人不仅涉足政坛，还在泰国政府中担任重要职务。他们中的一些人成为内阁成员，甚至成为总理，泰国半数以上的总理都是华裔。毫无疑问，在所有东南亚国家中，除新加坡之外，泰国是华人移民成功融入当地社会的典范。对华裔泰人来说，泰国不再是一片外国的土地，而是自己的家园。这一认同再次反映在他们的名字中。许多泰国华人开始有意识地改变他们的中文名字，使其更接近传统的泰国名字，增加更多的泰国特色，甚至采用传统泰国人的小名。

华人的子女也不断接受泰国政府的泰化引导和教育。那么，这是否意味着作为标示其华人血统身份的华姓华名已经完全消失了呢？其实不然。无论华人如何融入泰国社会，他们始终保留着一部分自己独特的文化特征和文化标识，这反过来又成为泰国主流文化下的一种亚文化（Subculture）。

泰国的华人群体内部保存着许多原有的价值观，这些价值观散布在种种主导性文化信仰之间，并以特有的形态补充主导性文化。华裔泰人是泰国的少数群体，但从文化上讲，他们并不是一个"弱势群体"。他们希望把中国文化代代相传，由此形成了张氏宗亲会、李氏宗亲会、潮州会馆、福建会馆等各种各样的宗亲会和地区联谊组织。他们在内部交流的时候会使用中文，过春节、元宵节、端午节，并保持许多大乘佛教、道教和儒家信仰，以及来自祖籍的地方信仰。这些华人希望能够坚持自身文化的独立性，希望下一代能够铭记祖先的传统并继续发扬光大。因此，他们提倡华文教育，并送子女到大学去学中文。除了给孩子起一个泰国名字，他们还给他们起了中文名字。在这种亚文化背景下，双名制已成为一种普遍现象。顾名思义，双名制就是有两个名字并行使用的制度。以泰国华人为例，就是中文姓名和泰文姓名并行使用。例如，正大集团（Chia Tai Group）总裁他宁·切拉瓦农（Dhanin Chearavanont），中国人更熟悉他的中文名谢国民。在这种双名制下，不同的名字有时被赋予不同的重要性和使用频率，这取决于具体语境。

年轻一代的泰国华人，即使不会说汉语，也大多知道如何书写自己的中文名字。许多华裔学生在进入大学时也会选择汉语课程。泰国华人家庭一般家境都比较优渥，所以他们学习汉语不仅是为了将来找工作，也是为了学习自己先民的语言，继承祖先的传统。当与中国人交流时，他们更喜欢使用自己的中文名字，因为这会让他们更有亲近感。双名制可以视为是一种横向和纵向空间历史的交叉。首先，使用泰式姓名是对自己泰国公民身份的认可；其次，同时保留中文姓名，表达了对自己血缘的自豪感。因此，双名制在一定程度上是泰国华人对社会整合的一种回应。

应该强调的是，这些华裔泰人对中国的"文化认同"并不等于"身份认同"。事实上，这两种认同是割裂开的。作为泰国人，他们同中国保持距离，只是通过一些象征性的姿态将自己与祖先的文化联系在一起，比如保持一个中文名字。然而，作为一名华人，他们可能会为中国文化而自豪，而中国的崛起反过来又会增强这种感觉。这是双名制能够产生的原因之一。

六、结语

"可以说,一个人是通过被命名而被带入社会位置和时间的。一个人依靠另一个人来获得自己的名字,来获取可以赋予其稀有性的名称。"[①]每一个社会成员都有自己的名字。姓名是区别彼此的最基本的身份形式,也是社会交往的先决条件之一。一个合理、有序的姓名制度是社会稳定所必需的。任何重大的变化都基于人们的共同意识和认同感,合理有序的姓名制度是社会记忆和心理历史的产物。在官方的干预下,上层精英文化形成了一套在民众间传播的规则,同一性的生活秩序便建立起来了。

这正是泰国政府重视姓名社会控制功能的原因所在。通过姓名实现的社会控制,并不是一种严厉的政治行为,也不会立时见到直接的成效,它往往要配合其他措施,甚至依靠社会个人内在的约束力、风俗习惯和道德力量,才能保证社会宏观的秩序稳定。这种类型的社会控制是灵活和适度的,对社会公众心理的影响是潜移默化的。因此,它往往能解决强硬手段无法解决的问题,也能配合并推动其他行政政策顺利实行。上面提到的两个个案就是最好的说明,由此也可以看出泰国政府在处理这类问题时的灵活性。

---

① Judith Butler, *Excitable speech: A politics of the performance*, New York: Routledge, 1997, p.29.

1975年以来老挝与泰国关系的发展

赵姝岚

(云南省社会科学院国际学术交流中心)

摘要:1975年老挝独立以来,老挝与泰国关系发展大致经历了三个阶段:1975—1988年的紧张期、1988—1999年的缓和期,以及2000年以后的飞速发展期。影响老泰关系发展的因素随着国际格局的变化也大有不同。冷战时期分属于不同阵营以及泰老两国各自的内政问题,是影响老泰关系发展的主要因素。进入21世纪,老泰关系的发展受到老挝推进的平衡外交政策、老挝对泰国的认知心理以及越南对老挝外交的干预这三个方面的影响。由此观之,老泰关系的发展受到两国内政、文化上的认知差异以及地区和全球等结构性因素的综合影响。

关键词:泰老双边关系;影响因素;多边视角

老挝是中南半岛的一个内陆国家,与泰国、缅甸、中国、越南、柬埔寨为邻,在语言、文化上与泰国有更多的相似点。老挝与泰国关系在老挝对外关系中占有重要地位。1975年老挝人民民主共和国成立后,老泰关系发生了重大变化。本文将就老泰关系在不同时期的发展情况进行分析。

作者简介:赵姝岚,云南省社会科学院国际学术交流中心副主任、研究员。

一、1975—1988 年：处于紧张中的老泰关系

1991 年以前，老挝的外交活动主要集中于政治领域，即通过外交活动增进党际和政府间的关系。① 这个时期，老泰关系的发展受到冷战时期国际政治格局的严重制约。由于老泰两国分属冷战时期不同阵营，1975 年老挝独立之后，两国的关系一直处于紧张状态。这种紧张关系一度引发双方交火，乃至边境关闭。

1975 年老挝人民革命党带领老挝人民奋勇反抗外来侵略者获胜，12 月废除君主制，成立老挝人民民主共和国。独立初期，老挝奉行了向苏联、越南、中国等社会主义国家一边倒的外交政策。1977 年老挝与越南签署了《越老友好合作条约》，同时越南积极向老挝提供援助，成为这时期老挝的第二大援助国。1978—1988 年间，老挝积极加强同苏联和社会主义阵营国家的全面合作，并在其影响下进一步发展与柬埔寨的关系。② 这时期，泰国一直希望老挝能够倒向它，并希望借助美国力量让老挝摆脱共产主义国家的影响，但无果。而这个时期老挝与越南的紧密关系，使得泰国将老挝视为越南的附庸国，并将越老间的紧密往来视为对自身安全的威胁。以上因素导致泰国对老挝非常提防，以至于泰国与巴特寮的冲突爆发后，泰国于 1975 年 11 月关闭了泰老边境口岸。③ 1976 年老挝虽然恢复与泰国的贸易往来，但是由于泰国的贸易禁运，这个时期的泰老贸易规模极为有限。1979 年泰国江萨将军上台后，泰国和老挝关系短暂改善。1979 年年初泰国和老挝签署了联合公报，泰国解除了对老挝贸易的部分限制，同意

---

① 黄勇. 冷战后老挝外交政策的特点及走向[J]. 东南亚纵横，2011(4)：16.
② 方文. 老挝人民革命党的外交政策与实践[J]. 黑河学刊，2016(4)：99.
③ [英]格兰特·埃文斯. 老挝史[M]. 郭继刚，刘刚，王莹，译. 北京：中国出版集团，2016：164.

促进双边贸易和允许老挝边境居民自由进入泰国境内。① 由于老挝在柬埔寨问题上力挺越南,老泰两国关系在20世纪80年代的大部分时间里依然紧张。直到90年代越南从柬埔寨和老挝彻底撤军后,老泰关系才趋于稳定。②

在经历了一段相对平静的时期后,老挝和泰国关系在1984年中期进入了新一轮紧张期。这次紧张因泰国军队进驻争议地带引发。泰国政府认为,泰国军队的筑路工人进驻了3个位于泰国版图内的偏远的村庄。但老挝政府认为这3个村庄处于老挝境内,泰国军队的行为是对老挝的侵略,由此引发了两国持续了几个月的军事对峙。随后老挝将这一争端提上了联合国和不结盟运动大会,表示拒绝接受泰国提出的通过联合或中立的调查组来确定这些村庄归属的建议。老泰边境争端由此被国际化。泰国考虑到当时正在争取联合国非常任理事国席位,为了实现这个愿望,不得不从这3个村庄撤出,并提出通过对老泰边界的重新勘察来和平解决两国争端。

老泰边境争端还未解决时,因1984年年底泰国指责越南干涉老挝事务,引起了老挝的不满,边境局势进一步变得复杂。泰国还指责老挝包庇隶属于名为绿星组织的泰国共产党,并让这个有2000人的组织在老挝和泰国边境的6个营地接受训练。③ 以上事件造成从1984年年底至1986年年初,两国关系持续恶化。

老泰关系的根本性变化出现在1986年老挝重新评估国际形势后,决定实施有原则性的"革新开放政策"。④ 这个决定性的转

---

① [英]格兰特·埃文斯. 老挝史[M]. 郭继刚,刘刚,王莹,译. 北京:中国出版集团,2016:176.
② [英]格兰特·埃文斯. 老挝史[M]. 郭继刚,刘刚,王莹译. 北京:中国出版集团,2016:177.
③ Laos The Confrontational Relationship with Thailand, July 1994. http://www.country-data.com/cgi-bin/query/r-7907.html, 访问时间:2019.1.3.
④ [老挝]沙蒙迪. 解放后老挝经济外交研究(1975—2014)[D]. 北京:外交学院博士学位论文,2014:46.

变带来了老泰关系的彻底变化。这个转变也促进泰国改变对老挝认知。例如，1986年7月中旬，约有35名老挝难民在泰国被杀害。泰国政府发言人首次表态时指出，老挝人民军袭击了位于帕尧府潘淮村（Ban Huai Pong）附近的一处难民定居点，杀害了难民。但随后泰国政府发言人又否认了此指控。此类型事件如果放在两年以前，往往都会引发双边较大范围的摩擦。然而，这次尽管两国媒体都相互指责，但没有多久这个事件就被平息。这其实表明两国已经达成共识，关系转暖。

在老挝的倡议下，老泰双方于1986年11月举行会议，重申1979年的《睦邻友好协定》，以此为节点老挝与泰国关系开始发生根本性变化。当时为了解决边界分歧，两国代表团进行了互访。不仅如此，为增进互信，两国的军事和警察代表团开始往来，并交换了关于抵抗组织、渗透、走私和土匪团伙的相关信息。同期，泰国也放宽了对老挝的贸易限制，结束了除军事物品外的货物禁运，禁运物品的数量被减少到仅61项。

从1986年到1990年，老挝和泰国的边境摩擦数量显著下降。1990年以前最大一次边界争端发生在1987年12月。1988年2月两国宣布停火。这次争端造成1000人死亡。但两国立即举行会议增加多方接触，以缓和冲突。1988年大多数越南军队撤离老挝后，泰国对老挝和越南的军事关系的批评也大幅度减少。[1]

从20世纪80年代末期开始，商业贸易逐步成为两国关系深化的主要推动力，老泰关系得到平稳推进。外界解释泰国在1986年年底解除了大部分对老挝商品的禁运，部分来自泰国商人的压力，因为泰国的禁运政策造成泰国对老挝的出口从1980年占老挝进口总额的81%急剧下降到1984年的26%。禁运部分解除后，1985

---

[1] Laos The Confrontational Relationship with Thailand，July 1994. http://www.country-data.com/cgi-bin/query/r-7907.html，访问时间：2019.1.3。

年和 1986 年，泰国对老挝的出口有所增加。与此同时，老挝继续向泰国出售电力，每年从这笔交易中赚取大量外汇。由于老挝担忧泰国再次恢复禁运，老挝运用苏联给予的援助，计划在 1988 年前建成一条从老挝沙湾纳吉到越南港口岘港的公路，以减少老挝进出口方面对泰国的依赖。

在两国恢复友好关系的最初几年里，由于老泰关系不够平稳，泰国商人着眼短期的商业投资。尽管如此，老挝对泰国投资和进口的依赖性开始增大。比如，1975—1979 年，泰国向老挝出口的商品总额虽然仅为 21.851 亿泰铢，年平均 4.37 亿泰铢，但这个数据已占当时老挝进口总额的 50.1%。1977 年以后，因老挝与苏联签订了《友好合作互助条约》，其进口商品更多依赖苏联及东欧国家，从泰国进口的商品锐减。但即便在进口量最少的 1979 年，两国的贸易总额仍然达到 4.168 亿泰铢，占老挝当年对外贸易总额的 17.85%。[1]

二、1988—2000 年：平稳发展的老泰关系

冷战结束后，老泰关系获得了极大发展。老挝外交政策向更加务实的方向转变，外交重心从政治向经济转变。1996 年老挝人民革命党"六大"政治报告指出，今后几年老挝外交活动的目标是加快建成有利于革新事业的外部环境，争取得到其他国家更广泛的支持与援助，并提出："扩大对外经济合作、吸引外来投资是老挝人民革命党为争取国际力量以建设国内经济而制定的政策，其目的是使老挝逐步实现繁荣富强的发展目标，并逐步与国际接轨。"[2]

---

[1] 梁源灵. 泰国与老挝关系的发展[J]. 东南亚纵横，1996(1)：54.
[2] 黄勇. 冷战后老挝外交政策的特点及走向[J]. 东南亚纵横，2011(4)：17.

1988年2月签署停火协定后，泰国和老挝都意识到了双边的友谊与合作的重要性，因此都重新定位了双边关系。1988年，泰国总理差猜提出将印度支那地区从战场变为市场。这个转变对双方乃至整个中南半岛都至关重要。在此背景下，随着老挝"革新开放"政策的推进，老挝政府不仅允许泰国投资和企业的进驻，而且在1988—1992年间与泰国签署了系列合作协定。随着1989年凯山·冯威汉对曼谷进行正式访问，1990年3月泰国诗琳通公主和1992年6月皇储哇集拉隆宫对老挝的访问，老泰关系得到了突飞猛进的发展。

1991年，老挝和泰国的高级军事代表团实现了互访，旨在解决边界问题。这些会谈达成了协议，双方同意从沙耶武里省的争议地区，以相互监督的回撤形式实现撤军，并建立了非军事区。泰国还承诺帮助遏制在泰国的老挝难民和流亡者的非法活动。泰国同意与老挝合作，逮捕任何跨越边境的武装人员。1992年，泰国媒体报道了泰国政府兑现了逮捕任何跨越边境的武装人员的承诺——老挝的王宝兄弟和一群苗族人试图越境时在泰国北部被拘留。

泰老两国于1992年2月19日签署了《泰老和平友好合作条约》，这标志着两国合作关系进入新阶段。[①] 条约主要内容包括用和平方式解决两国的争端，两国和平共处、友好合作。1992年8月，老挝再次呼吁加强老泰合作，以遏制泰国境内的反老挝政府运动。老挝政府希望泰国政府对希望前往老挝和在泰国逗留的苗族人实施更严格的限制，加强其签证申请的筛选程序，特别是针对流亡和在第三国定居的老挝人。老挝政府还尝试与泰国政府合作加强边界巡逻，遏制境外反老挝政府的运动。[②] 1993年，老

[①] 谢志鹏. 泰国与老挝的边境经贸关系[J]. 南洋问题研究，1993(6)：41.
[②] Laos The Confrontational Relationship with Thailand，July 1994. http://www.country-data.com/cgi-bin/query/r-7907.html，访问时间：2019.1.3.

挝驻泰国大使布吉·桑颂萨（Bounkeut Sangsomsak）在总结遏制反老挝政府运动的问题时指出，老泰两个国家仍然需要共同解决一些问题，比如虽然双方已在政府和军队层面进行合作，但还不足以完全遏制泰国境内的反老挝政府力量。

  这个时期泰老边境划界工作得到逐步推进。尽管一些有争议的地区，如在1984年和1987年两国爆发军事冲突的三个村庄的归属问题上难以达成共识，但是双方在和平友好条约签署后，互信程度得以逐步提升。1996年两国成立了边境联合委员会，2000年又签署了两国边界条约。这些努力推动泰老702公里陆地划界基本完成。

  边境问题上达成共识后，两国在贸易与投资方面都得到发展。这体现在两国边境贸易获得了突飞猛进的发展：1988年的成交额为11.84亿泰铢，1991年为32.28亿泰铢，1995年两国边境贸易额首次突破了100亿泰铢，泰老边境贸易额在老挝外贸总额中占比达25%。[1] 投资方面，自1988年老挝颁布并实施外资法后，泰国开始在老挝投资，涉及领域包括木材加工、服装加工、酒店业、畜牧业、水电站建设、旅游业以及矿产开采。[2] 1988年至1994年，泰国成为老挝的最大投资国，投资项目共有191个，投资金额为5.535亿美元，占老挝接受外国投资总额的61.5%。[3] 1996年至2000年，泰国依然是老挝的最大投资国，投资额为489亿多泰铢，占老挝投资总额的42.6%，投资项目共有228项。[4]

---

[1] 梁源灵. 泰国与老挝关系的发展[J]. 东南亚纵横，1996(1)：54.
[2] 梁源灵. 泰国与老挝关系的发展[J]. 东南亚纵横，1996(1)：54.
[3] Thalemann, Andrea , "Laos: Between battlefield and mark etplace", Journal of Contemporary（1997）, pp 85-105.
[4] 梁源灵. 泰国与老挝关系的发展[J]. 东南亚纵横，1996(1)：55.

三、21世纪以来：老泰关系加速发展

2001年老挝"七大"后，老挝政府不断丰富"和平、独立、友谊、合作"的"八字"外交政策的内涵，以进一步深化"革新开放政策"①。2001年3月老挝政府颁布了《投资法实施细则》，进一步开放和鼓励投资者在各个领域的投资。② 2006年老挝"八大"强调继续坚持"多方位与多种形式"的对外交往政策，积极争取国际经济和技术援助。③ 同期，泰国拟通过互联互通，让自己成为中南半岛地区的中心，也特别重视发展与周边国家关系。因此，进入21世纪后老泰关系获得了快速发展。2010年老泰建交60周年，两国高层互访标志着老泰关系进入历史最好时期，老泰关系似乎已经步入深化发展的快车道。泰国总理阿披实2010年12月9日访问老挝时表示，希望看到私营部门组织间和两国人民之间的关系更加密切。

2000年以来老泰经济合作的成果很多，主要项目有南屯2号水电站落成、泰老湄公河铁路的建设和泰老友谊大桥的建成等。南屯2号多功能水电站位于老挝的南屯河上，于2005年6月动工，耗资14亿美元，2010年3月竣工，在供应老挝国内用电的同时出口泰国。这是老挝迄今为止最大的水电站，也是世界上最大的私营跨国电力融资项目。④ 这个计划发电1070兆瓦特的水电项目旨在减少贫困、保护环境、创造收入。这个项目由26家金融机构提供信贷和风险担保，其中有4家多边发展银行（World Bank

---

① [老挝]老挝外交学院. 老挝外交史[M]. 石象：瓦塔那出版社，2010：263.
② 沙蒙迪. 解放后老挝经济外交研究（1975—2014）[D]. 北京：外交学院博士学位论文，2014：68.
③ 黄勇. 冷战后老挝外交政策的特点及走向[J]. 东南亚纵横，2011（4）：17.
④ 沙蒙迪. 解放后老挝经济外交研究（1975—2014）[D]. 北京：外交学院博士学位论文，2014：104.

Group，ADB，European Investment Bank，Nordic Investment Bank)、3家出口信贷机构(Coface of France，EKN of Sweden，GIEK of Norway)、3家融资机构(French Development Agency，PROPARCO，Export‐Import Bank of Thailand)、9家国家商业银行、7家泰国商业银行。[①] 阿披实总理在2010年访问老挝时，出席了南屯2号多功能水电站项目的落成仪式。在落成仪式上，阿披实总理表示，南屯水电大坝项目是泰老合作的另一个成功范例，将有助于进一步推进老挝的经济和社会发展，确保该地区的能源安全，不仅能促进泰国与老挝之间的贸易和投资，而且也能推进次区域合作。以2012年为例，南屯2号水电站总发电量为6029 GWH(十亿瓦时)，总收入达到2.467亿美元，其中出口到泰国的电量为5723GWH，收入约2.344亿美元，其余306GWH向老挝国内提供电力，收入约1230万美元。[②]

2009年3月，泰国和老挝之间的湄公河铁路开通。英国广播公司曾报道："两列客运列车将每天运行30分钟的往返行程，每天为大约500人提供服务。这条新的铁路通过铁路运送货物和乘客，让连接亚洲的泛亚铁路又增加了至关重要的3.5公里。"[③] 老挝外交事务发言人表示，这是通往老挝的第一条国际铁路。这条铁路对老挝很重要，因为这将大大降低出口成本。老挝铁路局发言人也表示，最终的目标是"让老挝不再困于内陆"，改造这个没有出海口的国家。

2007年泰老湄公河第二座友谊桥穆达汉府与沙湾纳吉大桥建成通车。2011年11月，泰国和老挝在湄公河上的第三座友谊

---

① Nam Theun 2 Dam: http://en.wikipedia.org/wiki/Nam_Theun_2，访问时间：2019.1.3。
② [老挝]南屯2电力公司(NTPC) 2012年报告[N]. 经济-社会报，2013-3-4，http://www.ecom.org.la/teen/khao/2/13328。
③ 孙广勇. 感知东南亚铁路之梦重起[N]. 人民日报，2011-7-13，转引自中国—东盟中心网络，http://www.asean-china-center.org/2011-07/13/c_13982302_2.htm。

大桥投入使用。这座新的 1.4 公里长的大桥连接泰国东北部的纳洪省和老挝的坎穆兰。这座友谊大桥是联合国支持的亚洲公路项目的一部分，耗资 5500 万美元。

随着老泰之间交通基础设施互联互通的加强，两国之间的投资和贸易量呈现快速增长态势。2009 年，泰国在老挝投资 207 个项目，投资总额达到了 15.8 亿美元；紧随其后的是中国，投资项目 285 个，投资总额 13.2 亿美元；越南投资项目总数为 169 个，投资总额为 8110 万美元。① 2014 年年底，泰国对老挝直接投资约为 15.44 亿美元，折合泰铢 520 亿元。② 2012 年时，泰国与老挝的贸易总额达到 48.4808 亿美元，与 2011 年相比同比增长了 24.37%，其中泰国向老挝出口数额为 36.0979 亿美元，从老挝进口额为 12.3829 亿美元。③ 泰老贸易额从 2010 年的 22 亿美元增长到 2015 年的 58 亿美元。截至 2017 年年初，泰国在老挝有 71 个投资项目，总投资额 7.41 亿美元，位列第二。④ 由此观之，2000 年以来老泰经济关系在贸易和直接投资方面都呈现出了良好的发展态势。

2015 年年底，泰国国内热议老挝总理通伦即将到来的访问，期待老泰关系能够获得飞跃式发展。但通伦的访问似乎并未达到泰国的预期。通伦总理上任后于 2016 年 7 月 5 日正式访问了泰国。通伦访问时会见了泰国总理巴育，讨论的议题是通伦在担任外交部长时也提出过的合作建议，即在双方同意的领域迅速划定边界，

---

① [英]格兰特·埃文斯. 老挝史[M]. 郭继刚, 刘刚, 王莹, 译. 北京: 中国出版集团, 2016: 214.
② 老挝银行高息存款正吸引泰国储户, 2015 年 6 月 10 日, 中国驻泰国经商参处, http://th.mofcom.gov.cn/article/jmxw/201506/20150601008267.shtml, 访问时间: 2019.1.3。
③ 陈金玉. 1975 年以来老挝—泰国经贸关系研究[D]. 昆明: 云南大学硕士研究生论文, 2016: 10.
④ [老挝]老泰促进商业合作 双边贸易额有望在 2024 年超过 100 亿美元[N]. 万象时报, 2017-5-25。

以巩固两国之间的关系。通伦还表示,在陆地边界之外,两国还需要克服许多技术上的挑战,在湄公河和湄南河流域划定他们1108公里的河流边界。[①] 这次访问中商谈的事项还包括为第21届联合委员会和第三次两国政府间联合内阁会议做准备。两国总理双边会晤后发表的一份政府声明表示:"双方对泰国和老挝联合调查的进展和陆地边界的划分进展感到满意。"此次通伦访问的具体成果还包括:为规范和管理泰国成千上万的老挝移民工人,签署了关于劳动合作的新谅解备忘录;探讨了进一步合作利用湄公河水资源;同意共同开展关于水资源管理的研究,并与其他利益相关方讨论河流的系统管理问题;两国总理讨论了"互联互通性",以实现共同的梦想,将每个国家变成湄公河地区物流的枢纽。

通伦总理访问泰国,仅与泰国讨论了一般问题,并未提出进一步深化老泰关系的建议。这让泰国方面不免失望。2016年内,包括《曼谷邮报》在内的多家泰国和国际媒体的评论都认为,尽管泰老有着共同的利益和目标,但是老泰关系还是陷入了困境。[②]

四、影响老泰关系发展的因素

影响老泰关系发展的因素较多。概括而言,在2000年以前,结构性因素决定了老泰关系存在诸多障碍。这不仅直接造成老泰关系紧张,也是泰国一直未驱逐其境内苗族抵抗组织的关键。2000年以后,老挝对泰国复杂且矛盾心理的文化因素,老挝与越南关系,以及老挝对周边国家的平衡策略、区域关系格局,综合影响着两国关系的发展。

---

① Supalak Ganjanakhundee, Thai-Lao relations caught in limbo despite common interests and goalsnational, The Wall Street Journal Asia News Network, July 13, 2016.
② Supalak Ganjanakhundee, Thai-Lao relations caught in limbo despite common interests and goalsnational, The Wall Street Journal Asia News Network, July 13, 2016.

(一)2000年以前：结构性因素决定了老泰关系的基调

结构性因素，即冷战格局从根本上决定了这个时期老泰关系的发展。这体现在两个方面：

一是由于老挝和泰国在冷战时期属于不同阵营，全球国际格局从结构上造成老泰双方矛盾非常尖锐。冷战时期，由于两国分属不同阵营，往往一个小分歧都会引发双边摩擦。冷战结束前，泰老两国政府间关系冷淡，经常相互指责。老挝指责泰国怀有控制该地区的野心，指责泰国政府与美国勾结，破坏老挝的稳定。同时，泰国也指责老挝帮助一个小规模的、亲越南的泰国共产主义叛乱组织，指责老挝政府对其境内的海洛因生产视而不见，且拒绝与泰国合作打击老挝与泰国之间的毒品贩运。

二是由于同样受冷战因素的影响，泰国未按老挝方面要求，驱逐其境内的老挝苗族抵抗组织。从20世纪70年代开始，老挝苗族抵抗组织利用泰国境内的难民营从事反对老挝政府的活动，且人数众多，占了难民营中难民数量的一半。1975年至1992年间，老挝苗族抵抗组织能够一直存在的根源在于，泰国欲借助这股力量对老挝政府造成某种压力：因为1989年前有4万至6万名越南军队驻扎在老挝境内，泰国认为老挝允许越南驻军，已对自身安全造成威胁，欲利用允许境内老挝苗族抵抗组织的存续，对老挝施加压力。冷战结束后，越南从老挝撤出驻军，泰国立即明确表示不会支持境内的苗族难民，并在1992年7月宣布把未在1995年前返回老挝的人群视为非法移民，并将其驱逐出境。

(二)21世纪以来：多元因素影响老泰关系

如前所述，2016年当通伦当选老挝政府总理时，泰国方面曾非常期待随着通伦的当选老泰关系能够获得进一步发展。2016年

4月，泰国对泰老合作新时代的到来抱有很高期望。① 然而，2016年通伦总理的传统出访顺序不仅没有任何变化，首先访问了越南，随后访问了柬埔寨，第三才是泰国，而且更重要的是，通伦与巴育会晤时所谈问题都是例行公事性的"老生常谈"，丝毫没有带来泰国方面所期待的突破。这让泰国方面大失所望。《曼谷邮报》甚至出现了"泰国应不再把老挝视为周边亲密国家"的评论。泰国随之调整策略，不再认为老挝是其东北方向最亲密、最好的朋友。同期很多国际关系评论家都曾表示，泰国和老挝在发展两国关系方面已经不存在任何政治和安全上的阻碍。两国有很多理由发展更紧密的关系，以推动他们在共同利益方面有更多合作。老泰关系为何未能出现评论家和泰国政府曾期待的更加密切的关系，主要原因如下。

第一，文化上老挝对泰国复杂且矛盾的心理限制了老泰关系的紧密度。如果说老挝1975年独立时，对泰国的戒备主要源于冷战时期分属不同阵营的意识形态矛盾，那么今天制约老泰关系发展的因素，更多或是社会文化方面，即文化心理上存在的问题。老挝民众对泰国怀着一种复杂而矛盾的心情。② 一方面对当代泰国经济发展的成就抱有复杂与矛盾心理。老挝政府曾公开表示过，在经济发展方面要以泰国为榜样，让民众过上富足的生活。由于语言上的相似性，泰国的电视和电台节目在老挝非常受欢迎，泰国容易通过电视和电台节目扩大对老挝的影响。但与此同时，老挝民众从电视和电台节目中开始了解当代泰国社会中出现的种种问题，老挝民众对这些问题抱有恐惧和担忧，担心本国经济发展后也会出现类似泰国社会中的问题。③ 另一方面，对泰国和老挝

---

① Bangkok Post，19th September. 2017.
② [英]格兰特·埃文斯. 老挝史[M]. 郭继刚，刘刚，王莹，译. 北京：中国出版集团，2016：215.
③ [英]格兰特·埃文斯. 老挝史[M]. 郭继刚，刘刚，王莹，译. 北京：中国出版集团，2016：216.

在历史、民族、语言和宗教方面的诸多联系怀有矛盾心理。由于泰国和老挝在民族、历史、语言和宗教方面的诸多相似性,使得泰国在与老挝交往时,似乎总怀有某种优势。这种优势让老挝民众日渐反感。特别从 20 世纪 40 年代开始,老挝政治家和精英知识分子已经非常自信,并不愿意过多强调老泰在民族、文化、历史和宗教上的这些关联性,甚或附属性。比如,当泰国和老挝的边境问题比较突出时,老挝就会出版相关书籍明确界定两国的文化差异。由于这些复杂和矛盾的心理,造成老挝希望与泰国保持一定的距离。

第二,老泰边境非法劳工问题严重制约了老泰跨境经济合作。老挝是目前唯一在泰国有移民劳工却又不愿意与泰国签署劳动力跨境合作谅解备忘录的国家。泰国的初衷是通过双边签署劳动力流动的协议,促进多国边境地区的经济合作。但由于泰老边境地区有很多非法女性劳工,这些劳工中不乏老挝苗族群体。老挝苗族问题的敏感性,造成了老挝在这个问题上的踌躇不前。由于老泰间协定一直未能签署,GMS 东北部经济走廊的推进度远远赶不上连接泰国、越南和柬埔寨的南部经济走廊。

第三,区域国际关系格局的变动,使得老挝的外交选择更加多元化。老挝要发展就需要加强与周边国家的关系。1975 年以来老挝得到了大量的国际援助。包括东盟国家在内,对老挝都提供了大量的援助。这些援助在促进老挝社会经济得到发展的同时,也对老挝政府造成某些压力。近年来,尽管老挝政府尽量减少政府财政预算对援助的依赖,但是无论是国际援助的数额还是在老挝境内活动的非政府组织的影响,都让老挝政府在成为民族主义"纯"主权国家方面还有很长的路要走。① 如今的老挝政府以维

---

① [英]格兰特·埃文斯. 老挝史[M]. 郭继刚,刘刚,王莹,译. 北京:中国出版集团,2016:220.

护社会稳定和国家发展为己任，专注于得到更多的帮助以确保自身能够实现更大发展。加之自 1990 年以来老挝社会的稳定与发展，已经极大巩固了老挝政府的合法性，也增强了执政自信心，这从今天的老挝更愿意将自己称为"联通"中南半岛其他地方的国家，而非"缺乏出海口的内陆国家"中可窥见一斑。要能实现这些发展目标，就要求老挝政府在周边外交方面采取平衡发展的策略，即尽量平衡发展与越南、中国和泰国等周边国家的关系。

五、结语

纵观老泰关系近 40 年的发展不难发现，老泰双边关系的发展受到结构性因素、各自内政以及文化因素的综合影响。冷战时期，国际关系中两个阵营的划分这个结构性因素，从根本上限制了老泰关系的发展。冷战结束后，受湄公河区域各国社会发展的迫切需求的推动，老挝和泰国关系得到极大改善。进入 21 世纪以来，湄公河次区域格局逐步演变，老挝与泰国的关系不再受限于单一因素，而是受到文化性因素、老挝内政以及区域关系的多重影响。我们看待老泰关系变化需要注意，这三个因素的相互作用影响着老泰关系的发展。

文化教育

泰国现阶段汉语教育政策、实施现状及思考

鲁 芳

(西安思源学院东南亚研究中心)

摘要： 文章对现阶段泰国汉语教育的相关政策、主要内容及特点进行了分析，同时，对教育政策的落实及存在的问题提出了看法。泰国的教育政策和落实过程中存在的问题，值得我国在泰国的汉语国际推广中思考并吸取教训。文章也提出了对泰国的汉语国际推广的建议。

关键词： 泰国汉语教育政策；落实现状；汉语国际推广

一、引言

2013年秋，中国国家主席习近平在出访中亚和东南亚国家期间，提出了共建"一带一路"倡议。"一带一路"建设的核心内容包括"政策沟通、设施联通、贸易畅通、资金融通和民心相通"。"人之相知，贵在知心"，"国之交在于民相亲，民相亲在于心相通"。民心是最大的政治，民心相通则是最基础、最坚实、最持久的互联互通。"一带一路"要行稳致远，离不开"民心相通"的支撑和保障，而民心相通，则离不开语言的桥梁。随着"一带一路"

作者简介：鲁芳，西安思源学院东南亚研究中心研究员，副教授。

倡议在沿线国家稳步推进，中国的国际地位也在逐步提升，"汉语热"正在全球范围内悄然兴起。

泰国是"海上丝绸之路"重要的节点国家，也是世界上汉语教学起步较早、成效显著的国家。目前，泰国已将汉语教学纳入其国民教育体系，形成了从小学、中学到大学的完整的教育体系。有意愿在高等教育阶段学习汉语的泰国学生还可以申请泰国孔子学院以及中国普通高校的奖学金，继续学习汉语。[①] 泰国是我国派出志愿者最多的国家，截至 2018 年 7 月，泰国先后迎来了 17 批共计 10000 多名优秀志愿者。[②] 泰国也是世界上第一个将中泰合作出版的基础汉语教材纳入国家教材体系和教学大纲的国家，是世界上第一个建立孔子课堂的国家。截止到 2018 年 3 月，中泰双方在泰国合作成立了 16 所孔子学院和 20 个孔子课堂。[③] 泰国在 2017 年已占据赴华留学生主要生源国第二名。[④]

汉语教育政策与汉语教育发展是相辅相成的，汉语教育政策的实施决定了汉语传播的实效。为了考察并了解泰国现阶段汉语教育政策及其实施现状，了解其针对汉语的教育政策导向，更好地推动并促进汉语在泰国的传播，本课题组于 2018 年 1 月 16 日至 2018 年 1 月 26 日在泰国展开了田野调查。调查地点为曼谷、普吉、大城的泰国高校、中小学以及汉语培训机构。访谈对象有以下几类：（1）大学汉语教育工作者，孔子学院院长、高校汉语教师、与我国有合作的高校领导；（2）中方汉语教师，汉办外派的汉语志愿者、侨办外派的汉语教师、招聘在泰任教的汉语教师；

---

① 泰国：学中文热情高涨　中文成必修课[N]. 新浪网，http://news.sina.com.cn/o/2017-09-06/doc-ifykpzey4828615.shtml，访问日期：2019.2.1.
② 1500 多名赴泰国汉语教师志愿者抵泰任教[N]. 人民网，http://www.dzwww.com/xinwen/guojixinwen/201807/t20180701_17554377.htm，访问日期：2019.2.1.
③ 数据由宋卡王子大学普吉分院孔子学院院长陈晓达于 2018 年 3 月 5 日提供。
④ 陈德海. 持续推动中国—东盟教育领域务实合作[N]. 中国报道网，http://www.chinareports.org.cn/djbd/2018/1114/6720.html，访问日期：2019.2.1.

(3)泰国本土汉语教师;(4)在泰经营汉语培训机构的华人。访谈内容包括泰国的汉语教育政策情况、各级学程中的汉语教学大纲、各校汉语教学现状及其原因等。通过 10 天的田野调查,本课题组获取了泰国汉语教育政策及其实施现状的翔实资料。

二、泰国现阶段汉语教育政策概述

近些年来,对泰国整个教育体系及汉语教育产生影响的宏观政策,从总体上阐述了泰国教育的总体目标和原则、教育任务和教学组织形式(如图 1 所示),对泰国汉语教学有着深远的影响。图 1 显示了几个主要政策之间的关系。《2010 年国家教育条例》是泰国教育的纲领性政策。该条例明确规定,要制定泰国基础教育的核心课程,即各个阶段的课程大纲。同时,《2010 年国家教育条例》还规定在制定基础教育核心课程时,应参考《2002—2016 年

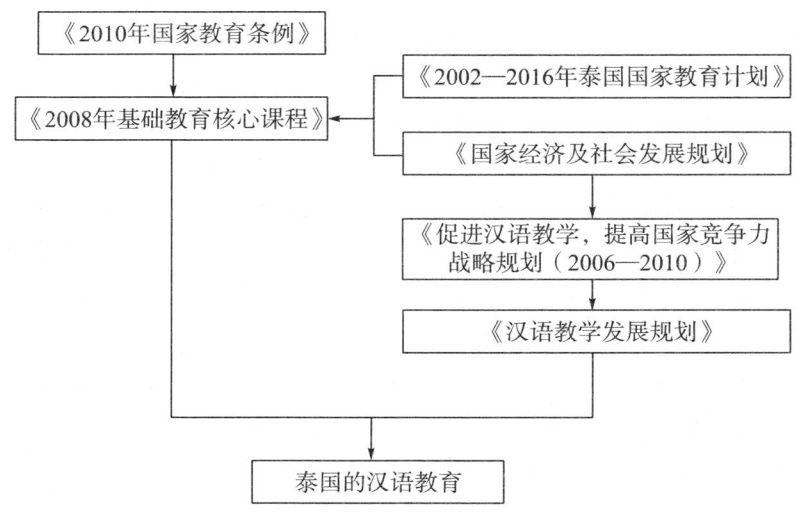

图 1　影响泰国汉语教育的主要政策关系图

泰国国家教育计划》和《国家经济及社会发展规划》中有关泰国经济、社会、教育发展的总体规划，以促进泰国的发展。另外，在泰国政府制定的《第九份国家经济及社会发展规划》的基础上，泰国教育部于 2005 年制定了专门针对汉语教学的《促进汉语教学，提高国家竞争力战略规划(2006—2010)》，提出了泰国汉语教学的总体战略规划等。2014 年，泰国教育部再次推出《汉语教学发展规划》。

（一）《促进汉语教学，提高国家竞争力战略规划(2006—2010)》

《促进汉语教学，提高国家竞争力战略规划(2006—2010)》的内容包括总体目标和具体战略两部分。

在总体目标部分，该规划提出要使正规学校教育的学生都能够接受高质量的汉语教育，其中基础教育高中阶段、职业教育学校中专阶段以及高等教育学校本科教育阶段中接受汉语教学的人数都应占总毕业生人数的 20%；具有汉语特长，并有机会接受某专业领域专业化的知识培养的学生应在 4000 人左右。

在具体战略部分，《促进汉语教学，提高国家竞争力战略规划(2006—2010)》[①]提出：(1)实现泰国汉语教学的阶段性目标，完善管理机制；(2)改进及发展高质量教学系统；(3)支持教育系统化、学术规范化；(4)完善自主学习体系；(5)重点培养具有汉语能力的学习者，使其有机会接受某专业领域的知识培养等具体战略。

另外，《促进汉语教学，提高国家竞争力战略规划(2006—2010)》还提出了实现上述战略的指导性措施：(1)建议成立促进汉语教学的专门工作小组，促进、支持及协调泰国汉语教学事务，

---

① 吴应辉，龙伟华，冯忠芳，潘素英. 泰国促进汉语教学，提高国家竞争力战略规划[J]. 国际汉语教学，2009(3).

其成员包括政府机构人员和私人机构的代表和汉语专家；(2)加快制定达到标准和相互衔接的基础教育、职业教育、高等教育教学大纲，以及针对具体职业的特殊培训课程，并建立学分转移制度；(3)促进研究，发展适合泰国、行之有效的汉语教学模式，并支持和推行有效的教学模式；(4)与中国政府相关机构及私人机构合作，促进和发展教学媒介，包括印刷品及技术资源，使其具有高质量和时代特色，用在课堂教学和自主学习中；(5)通过为新教师和在职教师提供来自泰国国内和中国的学习和培训资金，促进汉语教师的培养和招聘，其中包括中国教师和泰国教师，使其质量和数量可以满足各教育阶段的需求；(6)将条件齐全的私立或公立学校发展成为当地汉语教学促进中心，先在政府一级实行，再扩展到地区级别；(7)通过制定汉语教师标准来建立汉语教师(包括泰国教师和中国教师)发展系统，使汉语教师具备组织高水平汉语教学的能力；(8)开办公众出版物、电视节目或广播电台，促进汉语教学；(9)通过中国政府相关机构和私人机构的支持，发展汉语网络学习(e-learning)模式，促进和发展汉语学习的参与机制，鼓励包括媒体、家庭、社区、私人单位及各行各业人员加入汉语教育事业等。

(二)《2008年基础教育核心课程》

在泰国《1999年国家教育条例(2002年修订版)》《2002—2016年国家教育计划》《2007—2011年第十份国家经济及社会发展规划》的基础上，2008年泰国教育部颁布了《2008年基础教育核心课程》。[1]

《2008年基础教育核心课程》的主要内容包括：(1)课程的

---

[1] 潘素英. 泰国中小学汉语课程大纲研究[D]. 北京：中央民族大学博士学位论文，2011：209.

教育目的；(2)课程原则；(3)课程目标；(4)学习者的主要能力；(5)课程特性；(6)课程的学习标准；(7)课程等级指标；(8)课程的学习内容；(9)学习内容与标准；(10)学习者能力拓展活动；(11)教育等级；(12)学习时间分配；(13)学习时间结构；(14)学习标准和指标。

《2008年基础教育核心课程》规定基础教育核心课程的目的在于提高泰国教育水平，使学习者在身体、知识、品德等方面平衡发展；加强泰国人民作为泰国乃至世界公民的意识，并坚持君主立宪制政体；使学生具备基础知识及技能，对进一步学习、就业及终生学习有持续的追求；坚信每个学生都能够根据自己的潜能，努力学习和提高自己；在教学中坚持以学习者为中心。

在学习者的能力方面，《2008年基础教育核心课程》规定学习者应该具有五种主要能力：(1)交际能力，包含使用母语和汉语在内的语言交际能力。(2)思维能力，即分析性、综合性、创造性、批判性和系统性思考的能力。(3)解决问题的能力，指在合理掌握一定信息的基础上，解决各种问题和障碍的能力。(4)生存能力，即在自己的日常生活、自主学习、连续学习、工作中建立良好的人际关系，或为和谐共存而使用各种策略的能力。(5)技术应用的能力，即能够选择使用各种技术，拥有应用相关技术工具，在学习、交际、工作中有创造性地、准确地以道德为准则来解决问题的能力。

(三)《2010年国家教育条例》

《2010年国家教育条例》是在《1999年国家教育条例》及《1999年泰国国家教育条例(2002年修订版)》改进的基础上制定的。

《2010年国家教育条例》[①]的内容分为九个部分，包括目标

---

① 潘素英. 泰国中小学汉语课程大纲研究[D]. 北京：中央民族大学博士学位论文，2011：41.

与原则、教育的任务与权利、教育体系、教育组织方法、教育组织与管理、教育标准与教育质量保障、教师与教育人员、教育职员与教育投资和教育科技等。条例中以下四个部分的规定与本文密切相关:

第一,教育的目标与原则方面:《2010年国家教育条例》规定泰国的教育机构必须为泰国人民的生理、心理、智力及品德的综合发展服务,培养泰国人民生活中应具有的道德及文化内涵,以及与他人愉快相处和共同生活的能力;积极学习宗教、艺术、文化、体育、地方和民族智慧以及国际化的知识,形成保护自然资源环境的习惯,具备生存能力,具有自力更生、创造性能力,具有强烈的学习欲望和自学能力。

第二,教育体系方面:《2010年国家教育条例》规定了泰国教育的三种形式,即正规教育、非正规教育和自主学习;规定学生的学习成绩可以在相同或不同的学校和教育机构之间进行转移;泰国适龄儿童有在小学阶段和初中阶段接受义务教育的权利和义务。

第三,教育机构的教育内容方面:《2010年国家教育条例》规定教育机构必须充分考虑每个学生具有的学习发展能力,即以学习者为中心的原则,教育必须鼓励学习者自然发展,充分发挥潜能;强调知识、德育及学习过程的重要性,以及学习如家庭、社区、国家和世界等有关个人和个人与社会关系的知识;强调掌握语言知识和技能;课程的内容(包括学术方面和职业方面)必须在知识、思想、能力以及社会责任等方面均衡发展。

第四,教育组织与管理方面:《2010年国家教育条例》规定泰国教育部有义务组织和管理泰国教育。教育部具有推动及监督各级各类教育的责任和任务,设置教育政策及标准,支持教育资源,促进及协调宗教、艺术、文化及体育,以发展教育,以及跟踪、监测和评价教育组织的成果,检查其是否符合其他官方法律的规定,教育部或教育部下属机构有绝对的权威。教育部下设基础教育委员会、职业教育委员会和高等教育委员会。其中,基础教育委员会负责制定符合《国家经济及社会发展规划》以及《国家教育条例》的政策、发展规划、课程标准及基础教育核心课程等。

(四)《汉语教学发展规划》

泰国教育部2014年制定了《汉语教学发展规划》[①],包含五项大的改革措施。

措施一:明确汉语教学管理目标。该措施主要规定了小学到高中阶段的汉语课程性质、课程目的、每周学时和班级人数(详情见表1)。泰国基础教育阶段的汉语课程性质分为补充科目和计划科目,小学和初中阶段均为补充科目,高中则可以是计划科目或补充科目。

表1 汉语教学设置

学习阶段	课程目的	课程性质	每周学时	班级人数
小学	听说为主,提高兴趣	补充科目	不少于2节	不超过20人
初中	提高听说读写能力	补充科目	不少于4节	不超过25人
高中	全面提高汉语各项能力,满足进修或相关就业需要	补充科目	不少于4节	不超过30人
		计划科目	不少于6节	不超过30人

措施二:开发汉语专业及其大纲。该措施提到了通过政府、私立机构、各大学的孔子学院等单位合作持续性的汉语教学课程大纲及汉语教学教案设计等事宜,并为汉语学习项目(Chinese Program)中具有汉语专长的学生制定专门教学课程大纲,使学生能够进一步提高和发展其汉语水平。

---

① 此文件为泰国暹罗大学国际学院老师黄蓉提供泰文并将之译为中文。

措施三：开发汉语教材。该措施主要针对现有的教材提出改进措施，如开发制作符合专业目标和学习目的的优质教材，并制订相应的教师手册。

措施四：实施教学评估。该措施提到，要通过各政府、私立机构或其他部门（如中国国家汉办）、教育测评机构等建立汉语考试试题库。同时借助国际标准考试来检验汉语学习者的学习效果，如 HSK、YCT。关于建立汉语考试试题库的问题，在《促进汉语教学，提高国家竞争力战略规划（2006—2010）》中也有所提及。

措施五：提升汉语师资能力。该措施主要从师资基本情况调查、人才库建设、汉语教师语言能力标准、本土汉语教师汉语能力及教学水平测试、培训研讨、继续教育、教学经验分享和汉语教师训练营等方面，提出了提升汉语师资能力的一些举措。

措施六：提高《汉语教学发展规划》的执行效率。该措施从教学监督、汉语学习需求、学习情况调查、课程选择、教学方案和各类信息库建立等方面入手，通过全面掌握各类信息，达到提高汉语教学质量的目的。

三、汉语教育政策落实进程中的问题

上述主要政策在泰国的汉语教育领域发挥着积极的作用，但在落实现状及落实过程中存在不足。

（一）政策无法适应形势发展

政策无法适应形势发展，以基础教育阶段尤为突出。根据研究小组赴泰调研期间从大城府忠书兰女子学校的汉语教师获取的信息得知[①]，目前泰国基础教育阶段已有2017版《基础教育核

---

① 数据来源：研究小组于2018年1月24日访问泰国大城府忠书兰女子学校时获取的信息。

心课程》。但是，因为新版《基础教育核心课程》推行起来较为缓慢，因此，基础阶段的汉语教育依据的依然是《2008 年基础教育核心课程》，10 年以前制定的内容显然存在很多不足，而新版文件虽然已经出台，却依然未能推动实施，这与泰国人行事缓慢的文化有关。

再如 21 世纪汉语教学的纲领性文件《促进汉语教学，提高国家竞争力战略规划(2006—2010)》中的之二提及要"制定各级各类学校的课程标准大纲，理清教学思路"，而其中的 2.4 战略提出要制定从小学到高中的连续性教学大纲和中学零起点的汉语教学大纲。现实情况是，该规划从提出到实施已经过去了十多年，但从问卷和访谈结果看，目前都未落实。泰国汉语教育的三个零现象，很大程度上说明目前泰国汉语教育效果不尽如人意。众多研究者提到，目前泰国汉语教育缺乏统一的教学大纲是制约泰国汉语教育发展的重要原因之一。然而，十多年过去了，制定出能够衔接各个学程的教学大纲之事一直未能落地。

(二)政策落实不到位

2006 年的《促进汉语教学，提高国家竞争力战略规划(2006—2010)》和 2014 年的《汉语教学发展规划》两份文件都提及教材问题(见表 2)。

表 2　近年有关汉语教材的政策内容

时间	文件	有关汉语教材的规定
2005	《促进汉语教学，提高国家竞争力战略规划》	支持修订适合泰国汉语教学的优质教材并改良教具，以达到颁布标准。
2014	《汉语教学发展规划》	开发汉语教材，如开发制作符合专业目标和学习目的的优质教材，并制订相应的教师手册。

两份文件都使用了"优质教材"的字眼,且都提及"达到标准""符合目标"等要求,实际落实中却并未真正符合标准,一个显著的特征是各个学程所使用的汉语教材的重复性(见表3)。显而易见,三种在泰国汉语教育市场普遍使用的教材在不同的学程反复出现,这一方面说明了这三种教材的被接纳程度,但同样也反映了教材衔接性问题。这样的重复造成教学资源上的浪费,也导致教学效率低下,有失教学的科学性和合理性。基础教育和高等教育属于不同的教育阶段,教材必须有所区别。遗憾的是,两份文件提及的"优质教材""符合标准"等要求,落实到具体学程,却变成了重复交叉使用教材以及资源的浪费,可见,泰国现阶段对汉语教育政策的落实还不到位。

表3[①]　不同学程的汉语教材

学程	教材种类	重复教材
基础教育阶段	《快乐汉语》《体验汉语》《汉语乐园》《创智汉语》《汉语小天才》《快乐学中文》《汉语教程》《长城汉语》	《快乐汉语》《长城汉语》《体验汉语》
高等教育阶段	《快乐汉语》《汉语会话301句》《长城汉语》《博雅汉语》《体验汉语》《发展汉语》《HSK标准教材》	

(三)政策内容和实施情况差异较大

以2014年制定的《汉语教学发展规划》为例,措施一中规定了小学到高中阶段的汉语课程性质、课程目的、每周学时和班级人数。[②]

而课题组问卷调查的结果显示,在基础教育阶段,汉语课程性质非常混乱。问卷结果显示,有39%的小学将汉语课界定为计划科目(见图2)。这一方面说明小学对汉语课程的重视程度已经

---

① 数据来源:研究小组于2017—2018年通过问卷星调查泰国汉语教师获取的信息。
② 详情见前文表1。

超越了措施中限定的"补充科目",另一方面也反映了泰国教育的灵活性,以及对政策理解和执行中的随意性。另外,近30%的小学老师对课程性质没有概念,回答为"不知道"。高中阶段有近一半的被调查者回答"不知道"汉语课程的性质(见图3)。

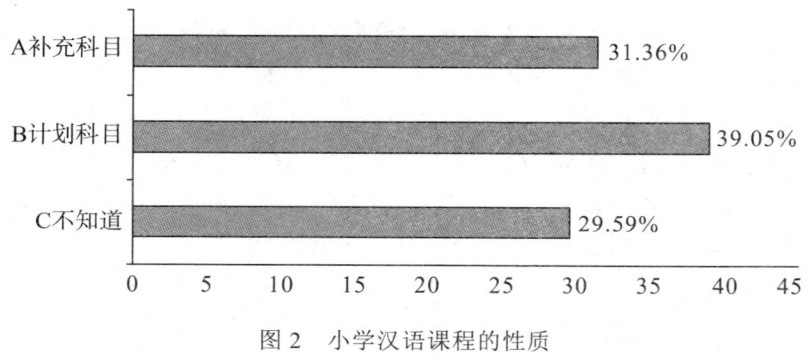

图2 小学汉语课程的性质

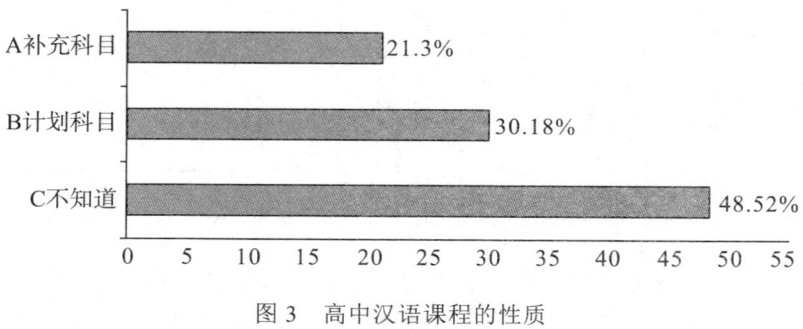

图3 高中汉语课程的性质

课题组在泰调研期间,还访谈过中国的汉语教师志愿者、泰籍汉语教师、培训机构负责人及孔子学院院长,问及各个阶段汉语教育的课程性质时,访谈对象表示,泰国的汉语课程设置细节和学校的性质及学校领导的教育理念有很大的关系,课程性质也不例外。华文学校的中小学汉语课程属于计划科目,课时较多,基本在 10~14 节之间,而其他公立学校的课程则多数界定为补充科目,课时为每周 1~2 节。但这都有很大的灵活性。在以科学类课程为重点的学校,汉语课程纯属被边缘化的课程,对汉语课的界定、进度、目标以及考核完全由汉语教师自行决定。

这种各自为阵的做法一方面反映了泰国汉语教育缺乏统一管理的弊端,另一方面也体现了泰国汉语教育执行层面的随意性。

四、关于泰国未来汉语国际推广的建议

鉴于泰国汉语教育政策落实中存在的问题,泰国未来的汉语国际推广应从以下几个方面着力。

(一)对泰国制定汉语教学大纲给予协助

泰国的汉语教育普及度虽然很高,但是汉语教育的组织规划远不如英语在泰国的组织规划科学有序,这在很大程度上是汉语的外涵式发展模式和政府的无序管理造成的。最主要的一个方面体现在泰国各个阶段汉语教学大纲的缺失和衔接性不足。因此,国家汉办和国务院侨办等有关单位应该为泰国汉语教学大纲的制定和实施提供帮助。可以通过中泰专家共同研究这一问题。

(二)长远规划我国派出的师资队伍建设

我国在泰国的汉语教师有五大类:自行应聘赴泰的汉语教师、侨办外派教师、汉办国际汉语教师志愿者、公派教师以及校际交流教师。汉办在选派这些师资力量时,首先应该充分考虑到外派人员职业发展的可持续性以及外派师资在国外教学的延续性,尽量避免短期外派、频繁换届和师资流失的现象。此外,培训过程中应该加强对泰国文化的针对性培训,避免"走马观花"。每一届外派教师任职结束后,管理部门应组织其总结

经验,及时分享经历与感想,并将收获与感受形成书面材料留存归档,为日后外派教师的选拔、培训以及泰国的汉语教育研究做好资料收集工作。

(三)改进孔子学院(孔子课堂)汉语教育模式

泰国已有16个孔子学院和20个孔子课堂。孔子学院和孔子课堂在汉语教育发展中发挥着举足轻重的作用。但是,孔子学院的发展还存在很多不足,如资金上几乎全部依靠中方投入,汉语学科设置单一化,孔院领导和汉语教育师资如果是国家汉办选拔任命的,往往是3年一个任期,任期满3年后,便会有新的人员接替其工作,这种管理模式使得孔院师资和领导都缺乏延续性。中泰双方在教学模式上的差异对孔子学院的可持续发展不利。考虑到孔子学院的可持续发展,应该建立健全多渠道筹资方案,还应从泰国的国情出发,从泰国旅游产业和商业的需求出发设置孔子学院的汉语课程,在课程设置上尽量体现"汉语+应用学科"的指导思想,让孔院课程落到实处,为泰国国民带去福祉。

(四)协助编写规范科学的汉语教材

泰国的汉语教育在教材方面的不足表现为:缺乏教学大纲的指导和规范;编写教材中对泰国的国情文化因素考虑不足,教材内容与泰国现实联系不够紧密;中泰合编教材缺乏在泰国教授汉语教师的参与,缺乏有关教学实际需求的一手资料。汉语教材不适应泰国社会需要的解决之道是中泰合编。首先,应组织中泰专家学者、一线教师以及教学管理者对泰国汉语教学语料进行收集、整理、分析,在此基础上编排教材。其次,建议中泰联合加强指导性研究。中泰专家应该对教材的使用对象进行调研,根据不同学程、不同学习对象设定编写原则和评估原则,再根据原则编写教材,在试用中提出修改建议,再进行修改完善最终出版。只有将基础性研究成果与指导性研究相结合，中泰双方形成合力，才能编写出兼具泰国"本土化"和"国别化"的汉语教材。

（五）完善汉语考试

汉语考试是汉语推广的重要部分。国家汉办、孔子学院以及各考点首先应该在主动营销方面加大力度，可以深入学校、培训机构、社会服务机构进行宣讲、答疑、培训和讲座，这些措施可以扩大汉话考试的受众面和影响力，吸引更多的考生参加考试。除此之外，应该从加大培训力度、研发国别化考题、提供考后答疑解惑及答案详解等方面着力，从而提高考试质量。

五、结语

泰国目前的汉语教育政策和具体实施现状，为我国未来的汉语国际传播提出了新的目标和任务，这些问题也成为未来的研究方向：(1)要充分调研对象国实际情况和需求，"知彼知己"才能在汉语国际传播中体现个性化、国别化的服务；(2)教学资源的输出方和使用方应该建立起有效的合作机制，实现协同、创新、和谐的教育合作目标；(3)孔子学院的发展应借鉴歌德学院的办学模式，提高现有的办学效率；(4)要切实有效地解决好汉语国际推广中的"三教"问题。

认知视角下的泰语歌曲中的"爱情是道路"隐喻体系分析

韩江华

(四川大学文学与新闻学院)

摘要：泰民族关于爱情的表达既反映着人类的共性，同时也有着其独特的民族个性。泰语歌曲中的"爱情是道路"这一概念隐喻体系由一个原型和若干变体共同构成一个完整的概念隐喻体系，较为形象地反映了泰民族关于爱情的独特体验，同时也反映出了泰民族特有的文化和认知方式。各个隐喻变体围绕"道路"这一核心而构建，不同的隐喻变体描述了爱情的不同方面，构建起了爱情这一概念的不同侧面，从而让人们深入透彻地理解爱情的方方面面。

关键词：隐喻；爱情；道路；概念整合；原型

一、引言

爱情是人类永恒的情感主题，是人最主要的情感体验之一，

作者简介：韩江华，四川大学文学与新闻学院副研究员，泰国玛希隆大学亚洲语言文化研究院哲学博士学位。

① 受"四川大学火花创新项目库项目(2018hhs-38)"资助，"中央高校基本科研业务费专项资金资助项目(JY201801)"资助。

也是人们认知活动的重要组成部分之一。全世界的人们无论肤色还是民族，绝大多数成年人都会经历和体验爱情。由于爱情是相对抽象的，因此人们通常会通过隐喻来生动形象地描绘爱情的方方面面。

但是"不同的民族关于情感的文化体验往往存在着显著差异，这种文化差异反映了各民族不同的价值取向，在情感隐喻中体现为有意识地选择不同的隐喻意向"①。泰民族关于爱情的体验既反映着人类的共性，同时也有着其独特的民族个性。泰语歌曲中有着大量关于爱情的隐喻。其中"爱情是道路"这一概念隐喻体系较为形象地反映了泰民族关于爱情的独特体验。诸如在ใจโทรมๆ（《心碎》）、ได้อย่างเสียอย่าง（《得失参半》）、เรื่องเก่าเล่าใหม่（《旧事重提》）、อีกหน่อยก็ลืม（《健忘》）、อยู่ที่ใจของเรา（《心心相印》）、คำแก้ตัว（《老话》）、ฟันธง（《盲信》）等泰语歌曲中都是以道路来隐喻爱情。为此，本文主要运用概念整合理论和原型理论来详细分析泰语歌曲中的"爱情是道路"这一概念隐喻体系，并探讨这一概念隐喻体系所反映出的泰民族的认知方式。

二、泰语歌曲中的"爱情是道路"隐喻系统分析

泰语歌曲中的"爱情是道路"这一概念隐喻体系是由一个原型和若干变体共同构成的概念隐喻体系。在这一体系中，各个隐喻变体都是围绕"道路"这一核心而构建，不同的隐喻变体描述了爱情的不同方面。所有这些变体组合成一个体系便完整地体现了泰民族对爱情的认知体验。

"爱情是道路"这一概念隐喻体系的形成是一个概念整合的过程。概念整合是由 Fauconnier 和 Turner 在其论文《概念整合网

---

① 家燕. 红楼梦概念隐喻的英译研究[M]. 北京：中国社会科学出版社，2009：144.

络》①中正式提出的。一个基本概念整合网络模型涉及四个空间：两个输入空间、一个类属空间和一个整合空间。各空间之间通过跨空间映射和投射进行对应链接。②

"爱情是道路"这一概念隐喻体系涉及两个不同的输入空间。一个输入空间是关于道路和行人的空间，另一个输入空间是关于恋爱的空间。在道路和行人的空间中涉及的元素包括：向前延伸的道路；在道路上行走的人；两个陌生人在某一地点相遇，然后继续前行；在行进的过程中，会发生各种各样的事情；到达终点（目的地）等。在恋爱空间中涉及的元素有：恋爱的双方；恋爱双方在某时某地相遇，并确立恋爱关系；恋爱双方共同经营爱情以使恋情往前发展；在恋爱过程中会发生各种各样的事情；恋爱结局等。两个输入空间有一个共同的相似性：即都是涉及一个随着时间的推移而不断向前发展的过程。这两个输入空间正是基于这样的相似性而构建起了跨空间映射，之后将这些相互映射的元素选择性地投射到整合空间中，经过压缩后形成新创结构，再通过组合、完善和扩展等认知操作后形成一个有别于两个输入空间的完整的新概念。③

---

① Gilles Fauconnier, & Mark Turner. Conceptual integration networks. Cognitive Science, 22(2). 1998, p.133-187.
② Gilles Fauconnier, & Mark Turner. Conceptual integration networks. Cognitive Science, 22(2). 1998, p.133-187.; Gilles Fauconnier, & Mark Turner. Conceptual integration and formal expression. Metaphor and Symbolic Activity, 10. 1995, p.183-204.; Gilles Fauconnier. Mapping in Thought and Language. Cambridge: Cambridge University Press, 1997, pp.149-157, 168-170.; Gilles Fauconnier, & Mark Turner. The way we think: Conceptual blending and the mind's hidden complexities. New York: Basic Books, 2002, pp.113-114.; 李福印. 认知语言学概论[M]. 北京：北京大学出版社, 2008：174.
③ Mark Turner. The literary mind. London: Oxford University Press, 1996, pp.57-84.; Seana Coulson. Semantic leaps: Frame-shifting and conceptual blending in meaning construction. London: Cambridge University Press, 2001, pp.165-195.; Seana Coulson, & Todd Oakley. Blening and coded meaning: Literal and figurative meaning in cognitive semantics. Journal of Pragmatics, 37. 2005, p.1510-1536.

压缩是概念整合中最关键的整合操作。[①] 在"爱情是道路"这一概念隐喻的整合中不同的时间(行进的时间、恋爱的时间等)、不同的空间(行进发生在路上,恋爱则可以发生在任何地方)被投射到整合空间后,在压缩机制的作用下,都被压缩整合成了无差别的同一时间和同一空间。图示如图1所示:

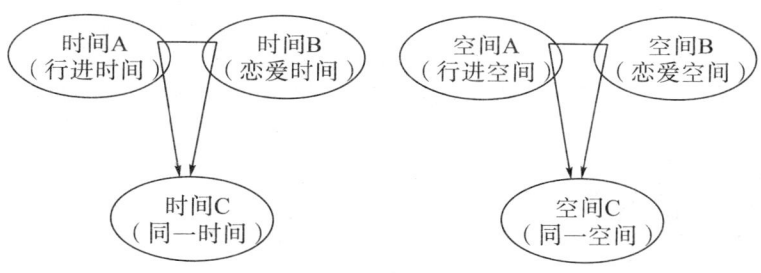

图1 时间与空间压缩示意图

当然,这样的同一性只存在于大脑认知的想象中。此外,行人和恋爱双方、道路和爱情则在整合中形成了一个新创结构。最终在组合、完善和扩展等大脑认知机制的参与下,一个全新的概念便形成了,即爱情是道路。整个概念整合图示如2所示:

---

① Gilles Fauconnier, & Mark Turner. Conceptual projection and middle spaces. UCSD Department of Cognitive Science Technical Report, 1994, p.94-01.

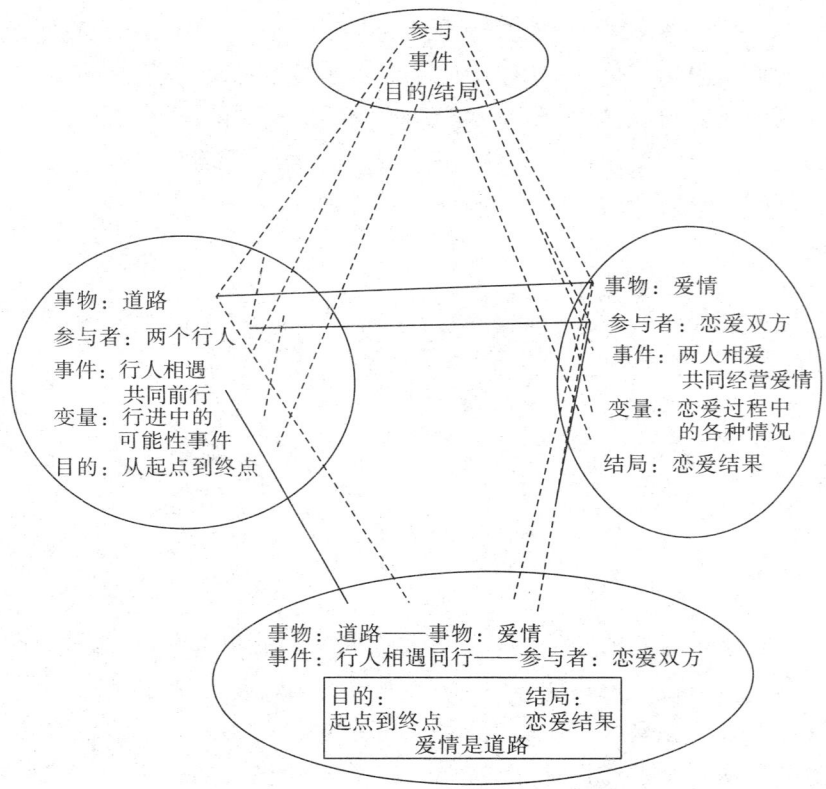

图 2 "爱情是道路"隐喻体系的概念整合示意图

"爱情是道路"是泰民族关于爱情的一个隐喻体系的原型。在这一原型下产生了诸多变体,这些变体分别描述了爱情的不同阶段或不同方面。具体来看主要有如下一些变体:

(一)"恋爱的开始是两个陌生人在路上相遇"

例 1:แม้จจริงจะรักเพียงใด แม้ในใจยังอยากจะมีตัวเธอนั้นไว้ นานเท่านาน อยากมีทางเดินร่วมกัน

"我是如此真心地爱你,希望尽我所能地拥有你,我真心地

希望我们能在同一路上相遇。"（摘自泰语歌曲：ใจโทรมๆ《心碎》）

在这一隐喻中，概念整合的两个输入空间之间被凸显的关键关系是："两个陌生的路人与恋爱双方"以及"陌生路人在同一条路上相遇与来自不同生活背景的两个人开始恋爱"之间的映射。正是这两条相互映射的关键关系被投射到整合空间中通过整合后形成了隐喻。这一隐喻所描绘的是恋爱开始时的状态，将两个不同生活背景的人"开始恋爱"通过"两个陌生的路人在路上相遇"这一具体事件生动形象地表现出来，让人印象深刻。

（二）"幸福的爱情是两个路人一起愉快地前行"

例 2： ฟังที่เคยบอกกันว่า ความรักนั้นยิ่งใหญ่ไม่มีใครเกิน หนทางที่ก้าวเดินก็จะโรยด้วยกุหลาบที่หอมชื่นใจ

"我曾听说：爱情是最伟大的事物。爱的路上充满芬芳的玫瑰，让人清新愉悦地前行。"（摘自泰语歌曲：เรื่องเก่าเล่าใหม่《旧事重提》）

在这一隐喻中，概念整合涉及的两个输入空间中被凸显的关键关系是"路人愉快地前行与幸福的爱情"。而在例 2 歌词的隐喻表达中，并没有直接述说路人是如何愉快地前行，而是通过描述路人途经的道路满是芳香的玫瑰来凸显路人的愉悦。美艳而芬芳的玫瑰自然会让人身心愉快、舒畅。整个例 2 歌词的隐喻表达所描述的是恋爱中，恋爱双方关系和谐融洽，保持着美满幸福的恋情。

（三）"圆满的爱情是两个路人共同到达终点（目的地）"

例 3： จะสุขหรือทุกข์ที่เจอ หากฉันและเธอยังเดินร่วมทางกันไป ไม่เกินกำลังของใจคงถึงปลายทางสักวัน

"无论是幸福还是痛苦，只要你我同路前行，我们终有一天

会到达终点。"（摘自泰语歌曲：อยู่ที่ใจของเรา《心心相印》）

在这一隐喻中，在参与概念整合的两个输入空间中，被凸显的关键关系是"路人到达终点（目的地）与圆满的爱情"。在恋爱中，人们通常的目的是寻找到自己生活中的另一半，相伴终生。爱情圆满的标志便是恋爱双方步入婚礼的殿堂，共同组建家庭，相伴终生；而关于道路和行人的输入空间中的路人前行的目的便是要到达终点（目的地）。二者的共同点便是都达到了自己的目的。整个隐喻表达通过路人到达终点（目的地）这一具体事件来隐喻爱情的圆满，让人通俗易懂而又不流于俗套。

（四）"爱情出现问题给双方带来痛苦是路人走迷路了"

例 4：ยิ่งรักก็ยิ่งเชื่อฟัง <u>ไม่รู้ทันเดินหลงทางแสนนาน</u> ฉันมันโร่งมเธอเหมือนดาบสองคมดีและร้าย

"我越爱你就越相信你，<u>我并未意识到我已经迷路很久了</u>。我真愚蠢！你就像一把双刃剑，深深地伤害着我。"（摘自泰语歌曲：ฟันธง《盲信》）

在这一隐喻中，概念整合的两个输入空间中被凸显的关键关系是"迷路给前行造成困难与爱情出现问题给恋爱双方带来痛苦"。在行进中，迷路必然会给前行带来困难，使行进者不能顺利到达终点（目的地）。同样，在恋爱中如果恋爱双方因各种原因产生矛盾必然给恋爱双方带来痛苦，也不利于爱情取得圆满的结局。

（五）"恋爱双方发生分歧导致恋爱停止是行人遇到死胡同无法继续前行"

例 5：กี่ครั้งที่เคยสัญญาจดจำได้บ้างหรือเปล่าว่า จะไม่แบ่งปันหัวใจให้คนอื่นบ่อยครั้งจนเกินแก้ไขให้เหมือนเดิม<u>รักของเรามาถึงทางตัน</u>

"你是否还记得你曾无数次许诺绝不让他人分享你的爱？可你却无数次的食言。为此，<u>我们的恋爱已经走到了一个死胡同</u>。"

(摘自泰语歌曲：คำแก้ตัว《老话》)

在这一隐喻中，概念整合的两个输入空间中被凸显的关键关系是"死胡同让人无法前行与恋爱双方产生分歧导致恋爱停止"。路人在行进的过程中，如果遇到死胡同，便只能停止前行。同样，恋爱的双方在恋爱的过程中如果发生分歧便会导致恋爱关系无法进一步发展下去。

（六）"恋爱双方放弃爱情分手是行人没有共同到达终点（目的地）"

例 6： เธอตามใจจะไปไหนรักใครก็เชิญต่อไปนี้<u>บนทางเธอเดินไม่มีฉันไม่มีอีกแล้ว</u>

"你可以随心所欲做你想做的事情，可以爱任何人，可以去任何地方，<u>你前行的路上永远不会再有我了。</u>"（摘自泰语歌曲：พอแล้ว《别了》）

例 7： รักมาพังทลายเหมือน<u>มาถึงทางแยก</u>

"爱情的破灭犹如<u>在十字路口的彷徨</u>。"（摘自泰语歌曲：ห้ามใจยังไง《心无止境》）

例 8： เธอว่าเสียใจแต่เธอก็มั่นใจให้รักเราจบกลางทาง

"你说你很伤心，<u>你渴望我们的爱情在半路停止。</u>"（摘自泰语歌曲：อีกหน่อยก็ลืม《健忘》）

这一隐喻其实是由几个不同的隐喻表达共同组成的。无论是"选择丢掉同伴一个人前行"还是"路人遇到十字路口"，抑或是"路人在半路停滞不前"，都将导致一个共同的结果：共同出发的两个行人不能共同到达同一终点（目的地）。同样，恋爱双方在恋爱过程中如果放弃爱情分手，爱情便无法获得圆满的结局。在这一隐喻的概念整合中，两个输入空间之间的关键关系便是"放弃"。

(七)"恋爱的一方出轨背叛爱情是一个人想走上两条路"

例9：จากเคยรักอยู่จากเคยรักกัน กลับมาไหวหวันกลับมาเหินห่างก็ใจของเธอแบ่งเป็นสองทางแบ่งเป็นสองอย่างเกิดลังเล

"我们曾经相爱过，但如今你我已陌路，<u>你的心已经走上了两条路</u>。"（摘自泰语歌曲：ได้อย่างเสียอย่าง《得失参半》）

在两人共同前行的过程中，一个人在同一时间只能走一条路，如果其中一人想同时走两条路，将是不可能实现的。同样，恋爱讲求的是专一和忠诚，如果恋爱的一方不专一、不忠诚而出轨，便预示着他（她）背叛了另一方，这必然导致爱情破裂。在这一隐喻的概念整合中被凸显的关键关系便是"不可能"，一个行人不可能同时走两条路，在道德上一个人也不能同时和两人谈恋爱。

(八)"恋爱的一方提出分手是同行的两人中一人选择独自走另一条路"

例10：ด้วยจรรยาบรรณของคนที่มันแพ้ แพ้รักแพ้รักจะยอมรับทุกอย่าง <u>จะไม่ขวางทางใคร</u>

"对于爱情，我是一个失败者，我接受失败，我不会阻碍你<u>选择另一条路</u>。"（摘自泰语歌曲：จรรยาบรรณ《德修》）

在两人共同前行的过程中，如果其中一人选择独自走另一条路，则预示着两人将分道扬镳。与此相同，恋爱的一方提出分手同样预示着恋爱中的两个人将分手并各自开始自己的生活。在这一隐喻的概念整合中，两个输入空间的关键关系便是"分离"。

以上对"爱情是道路"这一概念隐喻体系及其诸多变体的逐个分析充分地解析了泰语歌曲中"爱情是道路"这一隐喻体系的内部结构。在此可以用图示将整个概念隐喻体系总结如图3所示：

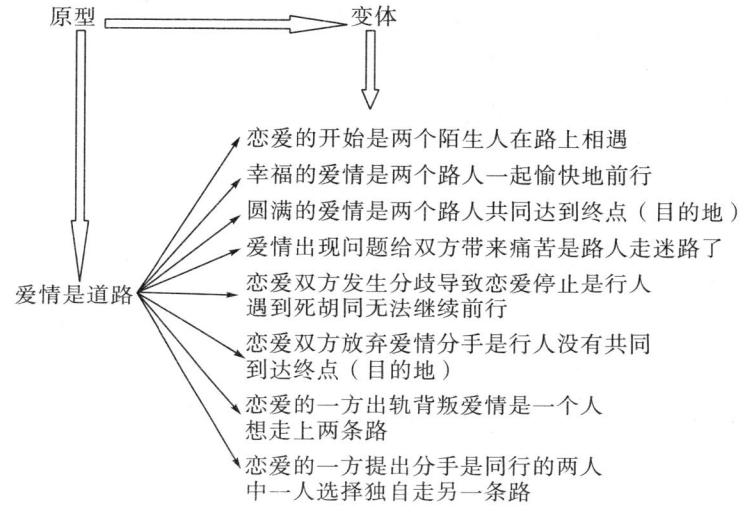

图 3 "爱情是道路"隐喻体系原型与变体示意图

三、"爱情是道路"这一隐喻体系体现出的泰民族的认知方式

隐喻在人们的日常生活中普遍存在，它不仅存在于语言中，而且存在于思考和行动中；人们用于思考和行动的日常概念系统本质上都是隐喻性的。[①] 因此，隐喻无处不在，无时不在。隐喻并不像传统隐喻理论标榜的那样仅仅是一种修辞手段，隐喻是人们思考和认知的基本手段。[②] 隐喻的首要功能是认知和

---

① George Lakoff, & Mark Johnson. *Metaphors we live by. Chicago:* The University of Chicago Press, 1980, pp. 4.
② George Lakoff, & Mark Johnson. *Metaphors we live by*. Chicago: The University of Chicago Press, 1980, pp.85, 109.; George Lakoff, & Mark Turner. *More than Cool Reason—A Field Guide to Poetic Metaphor*. Chicago: The University of Chicago Press, 1989, pp.57-67.; Dirk Geeraerts. *Theories of lexical semantics*. New York: Oxford University Press, 2010, pp.204-212.

理解。[1] 在人们的日常生活中，隐喻这一认知和概念化手段有着非常高的使用频率。当人们接触一个陌生或相对抽象的事物时，人们往往会通过隐喻这一认知和概念化手段来完成对陌生或抽象事物的认知和概念化。

爱情是一个相对抽象的事物。以人的经验，离开了隐喻，很难对爱情进行明晰的定义。[2] 很多民族对爱情的认知都是通过隐喻来实现的，但是不同的民族对爱情的认知方式是有差异的，这种差异较为显性的体现就是选择不同的意象构建隐喻：如汉民族经常用"水""月""窗""鸳鸯"等意象构建隐喻来表达爱情，欧美民族常用"商品""甜品""玫瑰""向日葵"等意象构建隐喻来表达爱情，而泰民族则常选用"道路""游戏""下雨"等意象来构建隐喻表达爱情。

从泰民族对爱情的隐喻意象中我们可以看出，泰民族对爱情的认知侧重于爱情的发展过程。其中"爱情是道路"这一隐喻是较为典型的代表。泰民族以自己的经验为基础，通过对"人在路上前行"这一日常生活中最频繁的事件进行详细的观测，发掘出它与爱情的发展过程的诸多相似性，从而构建起了"爱情是道路"这一概念隐喻体系：将"两人开始恋爱"隐喻为"两个行人在路上相遇"，"恋爱过程产生分歧带来痛苦"隐喻为"迷路"，"恋爱双方放弃爱情分手"隐喻为"行人放弃到达终点（目的地）/一个人前行（没有同伴）/路人在半路停止前行"，"恋爱的一方出轨背叛爱情"隐喻为"一个人想走上两条路"，"恋爱的一方提出分手"隐喻为"同行的两人中一人选择独自走另一条路"，"幸福的爱情"

---

[1] George Lakoff, & Mark Johnson. *Metaphors we live by*. Chicago: The University of Chicago Press, 1980, pp.109.; Han Jianghua. The function of poetic metaphor: Taking the poetic metaphors expressing characters' emotions in A Dream of Red Mansions as examples. Quarterly Journal of Chinese Studies, No.05, 2017, p.1-12.

[2] George Lakoff, & Mark Johnson. *Metaphors we live by*. Chicago: The University of Chicago Press, 1980, pp.109.

隐喻为"愉快地前行","爱情的圆满"隐喻为"到达终点(目的地)"。

由"爱情是道路"衍生出的各个隐喻变体对爱情过程中每一个环节进行了生动形象的描述,用路人在路上前行的每一个环节(或分事件)来隐喻爱情的每一个阶段(或分事件)。整个隐喻体系用不同的隐喻表达构建起了同一个概念的不同侧面[①],从而让人们深入透彻地理解爱情的方方面面。这一方面体现了泰民族对隐喻这一认知和概念化手段的娴熟运用,另一方面也折射出了泰民族对爱情的独特体验和认知。

四、结语

本文运用认知语义学中的概念整合理论和原型理论对泰语歌曲中的"爱情是道路"这一隐喻体系进行了深入细致的分析。文章详细解析了泰语歌曲中"爱情是道路"这一个隐喻的内部结构及其喻义的整合过程,并解析了其各个隐喻变体,有助于了解泰民族对爱情的认知。

---

① George Lakoff, & Mark Johnson. *Metaphors we live by*. Chicago: The University of Chicago Press, 1980, pp.4, 85, 109.

泰国南传佛教短期出家的习俗

覃雯丹
(四川外国语大学)

摘要： 泰国南传佛教背景下，短期出家具有入世性的特征。出家时间安排上灵活变通，使人建立出家并非永久遁世的心理基础；比丘和沙弥出家的传统目的，以及现在出家形式的变化都反映出出家人的多样化世俗目的；社区中僧侣的职责与地位体现出僧侣与俗众相互依赖的密切关系。这三方面相互关联，既是泰国短期出家的入世性的原因，也是其入世性的具体表现。

关键词： 南传佛教；短期出家；入世性

出家，梵语 Pravrajana，原为印度吠陀时代婆罗门教的遁世制度，指出离家庭生活，专修净行，以追求心灵上的解脱，佛教兴起后沿用。《辞海》中"出家"的释义是：佛教指脱离家庭，到寺院去当僧尼。[①] 佛教在两千多年的发展中，分化为大乘佛教（又称大众部佛教或北传佛教）和小乘佛教（又称南传佛教或上座部佛教），各自内部又有不同的流派，对于某些教义或行为规范常有不同的见解和践行。就出家而言，在信仰大乘佛教的中国和信仰小乘佛教的泰国，人们对出家的认识和态度大相径庭。

作者简介：覃雯丹，四川外国语大学东方语学院教师，硕士。
基金项目：本文系四川外国语大学 2017 年度科研项目"东南亚南传佛教短期出家习俗比较研究"（项目编号：sisu201757）的阶段性成果。
① 舒新成. 辞海[M]. 上海：上海辞书出版社，1989：1235.

由于中国传统的儒家文化强调积极入世,从政治到伦理思想,乃至人生哲学,无不体现着一种积极的入世精神。忠孝思想从古至今就是中国人的核心价值观之一,"光宗耀祖""父母在,不远游""百善孝为先""不孝有三,无后为大"等,反映了积极入世,创造美好家庭生活的理念。从儒家思想出发审视的中国佛教出家行为,具有明显的出世性特征:出家后的僧人多数不会再还俗;出家人通常清心寡欲,出家多为了摆脱尘世烦恼;出家人一般会在建于偏远地区的寺庙中修行,远离家人、不问世事等。因此,在中国人眼里,出家人总是与"万念俱灰""遁世""一切皆空""消极"等词语关联,一般难以得到亲友的理解与支持。

泰国人对出家的认识则不同。他们认为,出家是男子成长的人生必由之路。泰国男子出家,有长期也有短期的。前者指剃度受戒后终身为僧,不再还俗;后者则指男子行剃度仪式后进入寺庙修行一段时间,短则数日、数月,长则数年,在泰国极为盛行,成为佛教习俗。泰国佛教的短期出家既为习俗,意味着其与世俗关系密切,群众参与度高,体现与中国人对出家不同甚至相反的态度,从出家的本质特征看,具有入世性。

既然出家是泰国的佛教习俗(也是中南半岛其他南传佛教国家的佛教习俗),泰国人对于出家的认识与我们有显著的不同,为了减少对泰国相关方面文化的误读[①],促进我们与泰国的文明交往,我们有必要对这个习俗有更深入的了解。但迄今为止,有关泰国或东南亚其他南传佛教国家的出家习俗的研究不多,虽然有指出泰国佛教具有世俗化的特征,但针对出家的入世性的专门研究至今未见。

[①] 例如对泰国小说名著《四朝代》里面人物的出家的理解,笔者曾撰文《〈四朝代〉的中国式解读》,刊载于泰国农业大学的《中国学研究期刊》2016 年第 1 期。文中指出中国学者在解读该小说中的人物出家情节中,带有中国式的思维定式,结果导致对该小说的解读与泰国人的解读相悖。

本文将重点考察泰国的短期出家习俗,从一般中国人对出家的出世性认识依据出发,即出家的时间、目的和出家后僧人与俗世的关系三方面深入分析泰国短期出家的入世性。

一、出家时间

中国佛教出家,没有短期制,一般都是终身制,极少数人会因为特殊原因还俗。加上出家后一般会远离亲友,在离家较远的寺庙中修行,因此,出家首先在时间上会令具有儒家文化传统入世精神的中国人产生终结尘世生活的伤感。泰国的短期制出家,则是一个过渡性的修行阶段,短期修行结束后,出家者可根据个人意愿选择还俗,或继续修行,成为长期出家者。而长期出家者,亦可随时还俗。例如:曼谷王朝的四世王蒙固王(1851—1868 年在位),在出家长达 27 年后,由于国家统治的需要,褪去袈裟舍戒还俗即位为王。因此,出家实属短期性质,时间长短最终取决于个人意愿。个人没有出家习俗惯制的时间束缚,就不会有告别尘世的悲伤,反而会因修行带来的好处——更好地回归尘世生活,令人产生正面的情感意识。

泰国僧伽条例未对出家时间、时长进行严格的限定,按照泰国的传统习惯,短期出家一般指出家三个月。若在农村地区,信徒多选在 4 月初至 6 月初间出家,该段时间为农闲期,不会影响农业生产。若在城市地区,信徒则多选在 6 月末或于守夏节前出家。守夏节为每年的 7 月中旬,是泰国重要的传统节日,守夏节代表着进入雨期。雨期,僧尼禁足安居,不得外出,避免踏伤稻谷草木,在寺内禅修三个月,接受供养,称为"雨安居期"。若信徒为公务员或工作繁忙者,则一般选择在临近守夏节时剃度。因此,按照习惯,短期出家时长为三个月,称为"雨安居期出家",3 个月即为一"法岁"。信徒出家,一般于守夏节前 1 至 2 个月举行剃度仪式，出家后跟随僧侣在寺中安居禅修。

但随着国家现代化的发展，短期出家的时间方面的习惯又有所变化，时长可以根据需要缩短。由于工作、家庭负担逐步加重，进行"雨安居期出家"的信徒逐步减少，一般选择出家 7 至 15 日，时间较长者不超过 1 个月。对于现今短期出家的时间情况，泰国高僧帕拉差瓦拉穆尼曾做如下解释："现在的短期出家与 40 年前大不相同，出家 3 月一般指'雨安居期出家'，短期出家一般为出家 7 至 15 日，出家的时间与时长与以前不同。"[①] 现今，短期出家的时间一般避开安居期的 3 个月，其原因是若选在雨安居期间出家，需出家 3 个月，若出家不满 3 个月而在雨安居期间还俗，则被视为罪恶。现今的出家者，出家时长达到 15 日乃至 1 个法岁的，多为年纪较长无工作负担或无家庭负担者。

短期出家，虽存在传统上的习惯，但人们并不刻板遵循，信徒可选择在一年中的任何时间出家，出家的时间为 1 天、3 天、7 天，或是 1 个月、3 个月，长则 1 年乃至数年，根据个人实际情况各有不同。僧侣出家后，仍然可因种种原因，或是个人意愿，或是父母长辈恳求，或是谋生需求，或是家庭职责，等等，随时还俗回归到世俗社会中。

由此可见，泰国南传佛教的出家在时间安排上是灵活变通的，这点很容易让人建立出家并非永久遁世的心理基础。正是因为出家时间上具有主观可控性，出家并不代表着永久出家，永世隔绝世俗社会。基于此，出家人及其亲人在心理上不会因时间问题产生犹豫、压迫，导致反对出家，而是可以根据自身实际需要有计划地安排生活、工作、出家与还俗。

---

① [泰] 参纳隆·本努恩. 泰国僧侣的未来(泰文)[D]. 艺术大学人文学院哲学系，2008：62.

二、出家的类型

出家带有目的，无论是在中国还是泰国，正常的出家人通常是为了修行，但是我们看到两者有天壤之别。中国多数的出家不乏出于宗教虔诚之心，也有不少是为了摆脱尘世烦恼，或者不再留恋尘世生活，我们常常看到文学作品中的人物出家，无论何种类型，都有共同的避世目的。而泰国的出家，无论属于什么类型，形式如何，最终都是为了更好地适应世俗生活。

泰国出家的类型按照出家者的年龄可分为两种，即比丘受戒与沙弥受戒。其中比丘受戒，指年满20岁的男子出家为僧，最为重要，是传统思想中进行学习深造的经历。按照传统，男子年满20岁后剃度入寺修行一段时间，或为数日或为数月，最常见的是出家三个月，即为传统的短期出家形式。出家后，僧侣必须在寺庙中学习佛教教义，研究佛教经典。因此，出家又称为"出家学习"。泰国人十分看重比丘受戒仪式，若家中有男子出家，则被视为整个家族的头等大事，家庭成员将提前数日乃至数月为剃度仪式做准备，一掷千金置办剃度仪式者比比皆是。

传统出家的初衷是报恩父母。根据泰国的传统信仰，若子孙剃度出家，父母百年后便可裹着僧人的黄衣升天堂，正如泰国民间俗语所说的"儿子出家披黄袈裟，父母死后升天堂"。据说，泰国民间相信，子孙出家，则成为佛陀的弟子，而父母亦沾光与佛教沾亲带故，成为佛教庇护的对象。因此，民间有出家报恩父母的说法。

同时，出家学习是泰国男子人生中的重要转型，是男子成年的象征。泰国人将未出家之人称为"生人"，而将经剃度出家之人称为"熟人"，又称为"士"（即"学士"的简称），为有学识、有智慧之人。20岁的男子，始步入成年阶段，剃度入寺，受戒修行，不仅可以锻炼自身的意志力，树立良好的道德品行，亦能在佛学经典中学到经营人生的哲学道理，因此，出家便成为男子成年的象征，是"生人"过渡到"熟人"的仪式。而出家受戒仪式一般于婚前进行，传统思想认为，男子经过出家修行后方可结婚成家。在农村信仰体系中，"生人"的地位与品性劣于"熟人"，在婚嫁方面，女方父母通常不愿将女儿许配给未曾剃度之人。因此，婚前出家成为泰国农村衡量男子品德好坏的标准之一。①

出家为沙弥也是泰国较流行的一种出家类型，是指年纪在7至20岁之间的男子出家受戒。古时泰人喜让子孙受戒入寺进行修行，以为吉祥如意，亦为使孩童获得受教育的机会。沙弥受戒多于守夏节前的5至6个月举行剃度仪式，孩童通过仪式成为沙弥，守沙弥十戒，拜僧侣为师，由僧侣抚养教育。除了佛教教义外，沙弥还学习诵经识字和简单的数学算术，并在寺庙中分担一些简单的工作，既可学习知识又能磨炼其性格。因此泰国人也重视孩童出家。

沙弥的学习内容，首先强调的是孝道，同时也学习谋生之道。泰人通过盛大的仪式，使孩童了解传统风俗习惯，意识到孝道的重要性，亦使得参加仪式的家庭成员、社区成员之间的关系更为和谐密切，营造良好的环境，有益于孩童的成长。另一方面，在泰国未推行现代化教育以前（1921年以前），泰国的民间教育主要依附于寺庙，僧侣是社会中主要的知识分子，寺庙即为教育场所，出家即入寺接受教育，使未有谋生之力的孩童获得受教育的机会，将来或可成为有用之人。在现代化教育推行以后，寺庙的教育功能在城市地区有所减弱，城市孩童进入到现代化的教育机构中接受教育，一般于完成基础教育后（即小学毕业后）举行剃度仪式，成为沙弥参加修行。但在广大农村地区，尤其是较贫困的泰东北

---

① [泰]坤·托坎. 佛教和泰国社会与文化（泰文）[M]. 曼谷：欧典沙托出版社，2002：194.

地区，寺庙仍然是不可或缺的教育场所。农村家庭无力承担现代化教育机构的学费，只能将孩童托付于寺庙，由僧侣教育抚养，而寺庙的生活相对更为舒适，让孩童出家为沙弥，不仅可以减轻家庭负担，更使孩童获得更好的生活环境。

可见，无论是出家为比丘还是沙弥，世俗的目的清晰可见：或是为了报答父母家人养育之恩，提升自身道德修养，抑或是为了在寺庙中接受初级的公共教育，等等。就算仅把出家当成一个成年礼仪对待，也是当事人成长为一个世俗之人的表达，成年礼成为其进入俗世的一个标志。

除了上述注重学习修行的出家，仪式性形式的出家在泰国也很常见。葬礼上出家是沙弥出家的一种形式。葬礼上出家，顾名思义是指在葬礼上举行出家受戒仪式，出家者为死者子孙。因其未达到比丘受戒年龄，无法按照传统出家学习，报父母恩，因此于葬礼上举行仪式出家为沙弥，通常在出殡前1至3日剃度，出殡仪式结束后即还俗。该种出家形式以为死者超度祈福为目的，在泰国人的传统信仰中，若父母不慎落入地狱，子孙在葬礼上出家之福报功德可助父母脱离地狱。暑期出家，多指现在的大学男生受传统出家观念的影响，选择在暑期出家，以期成为一个传统观念中的好男子，毕业后对找工作或结婚都有好处。除了个人出家，集体出家活动也在兴起。现在部分泰国人，尤其是发达大城市的人们，日益倾向于现代化的生活方式，不再执拗于传统的繁杂仪式，选择集体出家的形式，不仅提升了效率，亦减轻了家庭负担，更适应现代快速的生活节奏。集体出家主要发生在学生或公务员群体中。总之，出家形式的仪式性特征越来越明显。

综上所述，现在泰国的出家，比丘和沙弥出家仍是重要的出家类型，无论是比丘还是沙弥出家，既有传统的出家形式，也有改变了的体现佛教与现代化相互妥协的形式，都体现了出家行为与世俗关系的日益密切。有的出家甚至直接打着祈福或还愿的旗号。因此，现代泰国南传佛教的短期出家大多源于各种世俗需求的推动，即入世的目的，宗教出世的追求越发少见。

三、出家后僧侣的社会作用

出世和入世是两种不同的处世态度，是对社会环境，回避或面对的选择。"出世"常用来指舍世俗事，遁入空门以修净行，总给人以清净、自然和超脱的感觉。"入世"常指积极投身社会事务。[①] 中国佛教出家给人出世性的感觉，大多因为出家为僧者一般避世而居，不会主动与俗人打交道。但泰国的佛教出家人则相反，给外人留下入世的印象：一方面，他们会潜心修行；另一方他们会积极介入社区的俗事。

泰国人出家修行地，通常选择家附近的寺庙，也就是他们自己平时供养的寺庙，即便不是，所选的寺庙也都处在社区中心。在泰国，寺庙遍布全国各地，每个村庄或社区都有自己专属的寺庙，即"一村一庙"。社区内的民众为该寺庙的布施者，为寺庙僧侣提供生活物资。若为在外务工人员，可选择回到家乡即父母长辈所在地举行仪式，以方便父母与寺庙协商工作，方便亲朋好友参加仪式。若选择参加集体出家仪式，则地点通常选择在管理较为成熟的寺庙，如清迈府的悟孟寺（Wat Umong），由于环境清静，管理严格规范，成为著名的禅修中心，每年都吸引了大量外地出家者到此参加集体出家仪式，进行禅修。还有部分出家者不计较寺庙远近，而选择自己最为信奉的寺庙举行出家仪式，如曼谷著名的皇家寺庙巴旺母尼寺（Wat Bowonniwet），不仅是蒙固佛教大学的所在地，更是泰国南传佛教法宗派的大本营，且历史上数位

---

① 肖立雁. 出世与入世——从〈瓦尔登湖〉看梭罗的处世哲学[J]. 长沙铁道学院学报：社会科学版，2012(2)：62.

国王在此出家过，使得该庙在曼谷诸多寺庙中地位显著，成为曼谷最热门的出家修行场所之一。这些宗教场与世俗交流频繁，是民众的活动中心。

僧侣出家后，在社区寺庙中修行，接受民众的供养，作为回报，僧侣在社区中承担世俗职责，因此僧侣与俗众是相互支撑的关系。僧侣修行，离不开四事（即衣食住行），然而僧侣不做生产，靠"乞食"维持生存，以专注修道。信徒对佛教以及僧侣的信仰崇敬使之自发为寺庙布施，为僧侣提供供养。而僧侣作为社会中的特殊团体，是学识丰富、品行优良的象征，能够在道德教化、文化教育等方面为民众指点迷津，提供帮助。因此，民众与僧侣的关系是相互给予的关系，民众给予僧侣物质上的支持，僧侣给予民众精神上的回报。但双方又并非买卖交易关系，而是一种源自共同信仰崇拜的互助行为。

因此，僧侣出家后并不中断与世俗界的往来，仍然承担世俗职责，其影响主要体现在以下几个方面：

第一，僧侣是民众的精神领袖，承担道德教化的职责。僧侣通过为民众讲经说法传播佛教的道德观念、礼教文化乃至人生哲学，教会民众辨是非、明好坏，使得"善有善报，恶有恶报"的观念深入人心。若民众遇到困惑，僧侣还为其答疑解惑，指点迷津，从而达到道德教化的目的。佛教的伦理道德观念，不仅成为民众的道德标准，更是规范民众社会行为的有利工具。因此，僧侣被视为道德理想的倡导者和模范，[1] 并且在社区民众发生纠纷时充当调解员，为民众仲裁争端纠纷。就是以这样的方式，寺庙中的僧侣，千百年来一直成功地教化乡村百姓，使得寺庙成为人民道德的课堂。[2]

---

[1] 宋立道. 神圣与世俗——南传佛教国家的宗教与政治[M]. 北京：宗教文化出版社，2003：30.
[2] 宋立道. 从印度佛教到泰国佛教[M]. 台湾地区：东大图书公司，2002：152.

第二，僧侣是文化教育的良师。寺庙既是宗教传布的中心，又是文化教育的中心，僧侣是经师，也是教师。古时，泰国的文化教育主要依托宫廷与寺庙，然而宫廷教育主要以王公贵族为教育对象，普通百姓望尘莫及，只能依靠寺庙接受教育。在寺庙教育体系中，僧侣涉猎广泛，不仅研习佛教经典，也学习巴利文、文法著作、法律著作等经典，是社会中集大成的知识分子。民众将孩童托付给寺庙，拜僧侣为师，由僧侣进行教育培训。教育的内容包括佛教教义、语文、数学算术以及各项技能乃至拳术武功。民众通过剃度出家进入到寺庙体系中接受教育。进入到近现代以后，寺庙教育与现代教育并驾齐驱，相辅相成，寺庙在教育方面仍然有着重大的影响，是传统礼教文化的传播中心与道德品行的培训中心。

第三，僧侣不仅是良师，亦是良医。古时，泰国的寺庙不仅是各种民间药方的收藏地，也是传统医学的中心。僧侣往往在医药方面也有所涉猎，使得僧侣有能力并且有条件为民众诊断病症，提供医药。在古时医疗条件欠缺的情况下，寺庙成为最重要的医疗场所，而僧侣则是民众最为依赖的医护人员，民众对僧侣的绝对信任使之更愿意到寺庙中寻医问药。

第四，僧侣是地方公共事业发展的领头人。寺庙是社区活动的中心，民众将其视为公共财产，寺庙的修缮工作通常依靠民众之力，由僧侣领导开展工作。随着社区发展的需要，僧侣能够利用自身巨大的影响力号召民众开展公共设施建设，为社区公众谋福利，如修建学校、道路、桥梁、水利工程等，因此僧侣在社区发展方面发挥着不可忽视的作用，是社区发展的领导者。

第五，僧侣是民众人生中重大事件的见证者。佛教的影响始终贯穿着泰国人的一生，而僧侣作为佛教的传播者则在民众生活的方方面面发挥着重要的作用。泰国人的一生，从出生到去世皆离不开僧侣的庇护，包括人生的转型过渡期，如出生、成年、结婚、丧葬等仪式,以及重大节日如水灯节、宋干节等,乃至入新房等重大事件,皆需恭请僧侣为其举行仪式,诵经祈福,以求获得佛祖保佑。因此,僧侣又是民众生活中重大事件的见证人。

现今,由于科学技术和现代医疗体系、司法机构等的发展,僧侣在调解纠纷与医学治疗等方面的影响减弱,但其在道德教化、地方公共事业发展等方面的影响仍然十分重要。而在教育方面,寺庙教育与现代教育相辅相成,在广大农村地区,寺庙仍然是农村子弟受教育的主要场所。

从上述泰国僧侣与俗众的依赖关系、僧侣职责及其在社区中的地位,可以看出,泰国南传佛教背景下出家的僧侣不可能"离世"而存在。寺庙是社区活动的中心,是社区的公共财产。而僧侣不仅是民众的精神领袖,亦是物质文化发展的领导者,对民众有强大的号召力,能够号召民众团结一致。僧侣出家后,并不离开社区,也不断绝与世俗界的往来,反而在民众生活的方方面面发挥着重要的影响,包括精神生活、道德教育、文化传播、娱乐活动等方面。即便是短期出家的僧侣,亦无可避免地在社区中承担或多或少的社会职责,其社会地位与职责相得益彰。可见,泰国南传佛教背景下,僧侣的入世特点甚至已经盖过了出世修行的特点。

四、结语

泰国南传佛教的短期出家具有入世性。首先,由于时间安排上灵活变通,容易让人产生出家并非永久遁世的意识,致使出家人及其亲人心理上不会因时间问题产生犹豫或抵触,而是可以根据自身实际需要有计划地安排出家。其次,比丘和沙弥出家的传统目的、现在出家形式的变化都反映出出家人的多样化世俗目的,需要通过出家来更好地实现,更好地适应俗世。最后,僧侣与俗众的依赖关系强,由于僧人地位高,僧侣在社区事务处理中具有重要的地位，因此南传佛教的出家并非遁世，反而呈现出家之人更好地入世的景象。总之，出家短期制的特点，使得民众因有了出家为僧的经历，在还俗后的世俗生活工作中或多或少会获得良好的收效，至少自身的道德境界有所提升，这也对其更好地融入俗世起到积极的作用。出家时间、目的以及僧侣与俗世的关系这三方面相互关联，既是泰国短期出家的入世性的原因，也是其入世性的具体表现。

泰国祈雨仪式文化内涵探析

林艺佳[1]　朱玉兰[2]

（1. 四川省泰国研究中心　成都大学外国语学院；
2. 云南师范大学附属小学）

摘要： 泰国是以水稻种植为主的农耕国家，雨季多雨是农业顺利丰收的前提。当遭遇旱情时，泰民族就会举行祈雨仪式，祈求风调雨顺、五谷丰登。本文旨在通过对泰国的主要祈雨仪式——放火炮、游猫求雨、乌鱼诵经、游男性生殖模具、塑泥像、游白象等的分析，探究各祈雨仪式的特点、传说和信仰，追溯各仪式的历史起源，解读丰富多元的祈雨仪式包含的独特文化内涵，进一步生动地呈现泰国的稻作文化、社会风俗和民间信仰。该研究有助于更直观地感受泰国的社会文化，可以增进中泰两国的相互了解和友谊。

关键词： 泰国；祈雨仪式；文化

祈雨是古代农耕社会形成的一种活动。在人们对大自然的认识和知识还很少的时候，人们希望通过祈雨活动，带来降水，解除旱情。祈雨活动至今还流行在一些发展中国家。祈雨有多种多样的形式。

本文主要以泰国社会，尤其以泰国东北部为主的农村社会为研究对象，通过对放火炮祈雨、游猫祈雨、乌鱼诵经、男性生殖

作者简介：林艺佳，四川省泰国研究中心成员、成都大学外国语学院助教。朱玉兰，云南师范大学附属小学，教师。

模具巡游、塑泥人、游白象、宋干节泼水等多样祈雨仪式的介绍和分析，结合当地的文化现象，探讨泰国不同的祈雨仪式背后的历史渊源以及这些仪式反映的文化现象，使读者了解泰国祈雨活动的由来和不同的仪式，进而进一步认识泰国传统文化。

一、放火炮祈雨

放火炮是泰国东北部祈雨的一种习俗，也可以叫作六月功德，是指十二个月中进入雨季要耕田、育秧、播种、犁田的时候，人们为了向恬神祈求按节令降雨放火炮祭拜恬神。火炮节起源于益梭通府，益梭通府被称为万城火炮。

放火炮祈雨源自东北部的民间故事，流传度较广的是《青蛙神的故事》。恬神是按节令给人们供雨的神，秃鹰和乌鸦都要给恬神敬奉食物，青蛙神是勐的首领，在青蛙神的领导下，人民幸福安康因而非常敬仰青蛙神，原本给恬神敬奉食物的动物也跟随了青蛙神。人们都赞美青蛙神的青年有为。恬神知道后为了减弱青蛙神的威望，故意不按时令降雨。恬神限制龙王不让其戏水，人间干旱滴雨未落，农田干旱颗粒无收，百姓忍饥挨饿，于是向青蛙神求助。青蛙神知道了是恬神在作怪后，和崇敬它并且忍受苦难的生灵商量要和恬神发起一场战争。青蛙神吩咐臣民建筑高墙，在高墙上搭建天梯，率领着士兵攻进了恬神的住所。恬神早有准备，但青蛙神在开战之前，就秘密派白蚁蚕食坏了恬神所有的武器。恬神只得改变战略，他口念咒语来对付青蛙神，青蛙神就让知了、青蛙、田鸡啼叫干扰咒语，恬神咒语失效变出蛇来咬知了、青蛙和田鸡，青蛙神立马派老鹰把蛇咬死。双方进行了一场又一场斗智斗勇的较量，最后进行了斗象比赛，恬神输了被青蛙神抓住，于是便答应每年按照时令向人间供雨。如果哪一年恬神忘了，青蛙神就让人们燃放火炮，提醒恬神按时令供雨。[①]所以，当时节到了，迟迟未降雨，东北部的人们就燃放火炮提醒恬神降雨，形成了燃放火炮求雨的风俗习惯。另一则民间故事是说婆罗贺摩与蛇王是朋友，且约定了每年互报平安，蛇王平安就每年燃放火炮升空，当婆罗贺摩看到火炮并且自己也平安无恙就以降雨的形式回应蛇王。燃放火炮祈雨主要是人们祭拜恬神或雨神（男性）的方式，如果哪个村落没有举行放火炮的祭祀仪式，不仅不会按时节降雨，还可能给村落带来灾难，所以每年的六月或者是五月至六月间，东北部的村民就根据信仰放火炮以提醒恬神降雨。东北部居民信奉佛教，到佛陀降生、悟道、涅槃的纪念日时，东北部居民都要举行祭祀仪式，用插花、燃香烛来祭拜佛像，放火炮也被视为用香料祭祀佛陀的一种形式。放火炮祭祀要有沙弥参加，沙弥与佛陀和佛法密切相关，东北部居民认为沙弥参与佛事可以增强佛法的生命力。

　　每年的燃放火炮祈雨是东北部最盛大的民俗节日之一。在节日到来之前，人们会齐心协力准备搭建风雨棚，女主妇负责准备饭菜招待客人，擅长跳舞的就准备相关的舞蹈，有手艺的男人就负责一起制作精美的火炮。火炮主要有两种类型：一种是没有尾的火炮，如喷射火炮、高礼花、圆圈火球、矮礼花等；另一种有尾的火炮，可细分为小火炮、百火炮、万火炮和十万火炮四类。小火炮，用来占卜看雨水是否会随节令到来而降落，如果小火炮可以升得很高就预示着会降雨。百火炮，装入火药少于 12 公斤，用于比赛。万火炮，装入火药在 12~119 公斤之间。十万火炮，是最大的火炮，装入火药 120 公斤，用于燃放祭祀。村民将组建游行队伍，队伍游行的时候要载歌载舞，曲调可能有些粗俗，但是没有谁会在意。这些歌曲用于放火炮仪式已有悠久的历史，并

---

① 刀承华. 泰国民间故事选译[M]. 北京：民族出版社，2007：5-6.

且歌谣中也唱出了放火炮仪式的历史渊源。[①]燃放火炮祈雨一共要举行三天。第一天将各地的火炮集中起来,并有文艺表演;第二天举行火炮游行,人们簇拥着装饰精美的火炮,一路载歌载舞,声势浩大,十分壮观;第三天才正式点火炮,举行升高比赛,最先点放的火炮被称为"占卜火炮",如果火炮升得高,就预示着当年雨水充足,场面十分热闹。在火炮节上,僧人扮演着重要角色,他们要为仪式诵经祈福,在持续少雨的年份,还要守五戒(不杀生、不偷盗、不邪淫、不妄语、不饮酒)三天。[②]

放火炮风俗表明了人们对抗大自然干旱的决心,也增进了人们的团结与友谊。全村不同民族、不同宗教的人都必须参加祭拜求雨仪式,村民相信如果大家都像兄弟姐妹一样相互帮助、齐心协力,就能求得风调雨顺,因此放火炮也是增强凝聚力的一种方式。尽管现今人们对于恬神掌管兴云降雨的信仰有所减弱,但民间依然保持着原始的风俗,即每年在收割季节来临前祭祀求雨。利用火药燃放火炮是民间科技的体现,可作为艺术品的火炮与传唱的民间歌谣是古代人们智慧与财富的积累。

二、游猫求雨

游猫求雨是泰国东北部和中部的一种求雨方式,主要在七月至九月之间举行,没有固定举行的日子,大多数时候是选择在中秋节的时候,当敲定了日子以后,村民就要准备好场地以及在寺庙里的仪式。每个地方的仪式不完全一样,普遍的相同的仪式集中在泰国的东北部,都是为了祈求下雨。并不是每年都举行仪式,主要在不下雨的雨季和不下雨的地方举行仪式,除了雨水充沛的

---

① [泰]素甘雅·素查雅. 泰民族的祈雨仪式(泰文)[J]. 曼谷:朱拉隆功大学资助研究,2001:37-41.
② 金勇. 泰国民间文学[M]. 宁夏:宁夏人民教育出版社,2008:36-37.

南部地区，泰国各地都有游猫求雨的仪式，尤其以干旱少雨的东北部地区为代表，游猫求雨的仪式一直流传至今。因为泰国是一个农业大国，农林渔牧必须依靠大量的水资源，如果旱季的时候不下雨对于农民来说就像夏季一样难熬，不下雨就没有办法农作，为了农业有充足的水源供给，村民举行"抬猫游行"求雨仪式祈求能有水源供给农作物。

泰国人相信雨是来自天神的旨意，当不下雨的时候就要向天神求雨。之所以说雨来自天神，是因为天神的发音和雨相似（เทโวแปลว่าฝน），源自巴利语。猫是祈雨仪式中的重要部分，泰国人相信猫具有神奇的力量，猫是很讨厌雨的一种动物，一下雨猫就要嚎叫，于是村民就集体往猫的身上洒水，直到猫嚎叫得特别大声。举行了抬猫游行仪式以后，雨就会听到人们的诉求按时降落。关于猫的选择也是有讲究的，需要黑色的母猫，因为黑色和下雨时候的乌云颜色相似，用母猫而不用公猫，是因为母猫是丰收和富饶的象征之一。按照原始的观念，丰收是只能由两个异性共同完成的一个过程，人们往往认为，大地就是一位丰收女神，她需要一个男性的伴侣，这个男性伴侣就是降雨的天神，所以泰国人在歌谣中用一些污秽的词语引诱天神降雨，将天神的雨视为男性的"精液"。①

游猫求雨的仪式是通过游行进行的，在游行前要准备好物资：一个长筒形篓（泰北居民旅行时用来盛衣服和粮食）或者一个有盖子的筐，一只黑色的雌猫，蜡烛5对，鲜花5束，还有用来插在篓里面的两根竹竿。村民中的男性中老年、青壮年和小孩集中在一起商量游行，女人要盛装打扮参加游行。队伍中以中老年男性居多。黑色的雌猫装在篓里，用两根竹竿穿过篓里以供两个

---

① [泰]披耶阿努曼拉查东. 泰国传统文化与民俗[M]. 马宁, 译. 广州：中山大学出版社, 1987: 150.

人抬。当日近黄昏的时候，人们刚好在家，就开始抬着猫篓结队游行，游行中队伍要载歌载舞，有节奏地敲打盒子制造出声音来配合歌舞和游行队伍：

母猫母猫/求天下雨/祈求天水/淋洒猫头/要钱要饭/还要佣金/抬来母猫/阵阵雨下/雷劈修女/脱光衣服/雨哗哗下/雨哗哗下/冲了田地/冲垮湖泊/叻空表演/光头相撞/雨从天降/雨从天降……①

游行队伍挨家挨户地走过村落，户主纷纷出门用水泼猫让猫嚎叫，同时也洒一些在游行队伍里，户主还会拿些酒、饭、鸡蛋、钱送给游行的人。有些地方的抬猫游行中只洒水在游行队伍中，不洒小猫，因为洒很多水在小猫身上又暴晒一整天，猫就容易暴毙。在后来的演变中，为了响应政府不虐待小动物的号召，有些地方用卡通玩具猫代替真猫游行。

三、其他祈雨方式

除了上述两种较普遍的祈雨形式外，在泰国民间还流传着其他一些祈雨形式。

（一）乌鱼诵经祈雨

乌鱼诵经祈雨仪式是一种古老的祈雨风俗习惯，起源的具体时间没有明晰的记载，距今大约有100年历史，预计伴随着安纳乍能府华塔潘区纳库村产生，因为纳库的历史中能找到留存的痕迹。乌鱼祈雨是东北部兰纳人的信仰。在泰国，乌鱼被视为一种需要依存田间淡水存活的鱼,淡水资源丰富的地方乌鱼随处可见，

---

① 戚盛中. 泰国民俗与文化[M]. 北京：北京大学出版社，2013：232.

所以祈雨仪式中乌鱼是最重要的一部分，暗喻着此地将鱼米丰收。乌鱼求雨仪式持续三至七天，仪式中将乌鱼放在深30厘米、直径50厘米的池子里，有时候乌鱼会用泥塑鱼或者木雕鱼代替，此外还会拿一些虾、蟹、贝壳以及其他种类的鱼掺入，同时拿米饭、水果和鲜花一起祭拜，祭拜中请五位高僧主持诵经。乌鱼诵经求雨仪式是为了祭拜掌管云雨的天神，也会一起祭拜田神、林神、山神等。村民盘坐诵经祈求天地神灵降雨，并往乌鱼身上洒圣水祈求降雨，如果乌鱼从泥坑里跳起来，就表示会有好运，会按时令降雨。

乌鱼祈雨仪式起源于佛本生经故事。菩萨有一世转世为鱼，生活在小溪里，时逢旱年，河水干涸得只有一层水面，鱼儿挣扎着在水面生存。群鸟吃鱼，菩萨鱼看着自己的亲人离去痛心不已，于是祈求上天降雨，并向上天发誓将永生永世不吃鱼，守着誓言与圣礼，并念着经文："天神降雨，赶走人们的悲伤，帮助我和我的亲人，让我们远离痛苦。"在这样的祈祷与信仰力量下，上天就降雨了。人们相信，只要行善积德，就能求雨成功。①

（二）男性生殖模具巡游祈雨

男性生殖模具巡游祈雨，主要是通过使用性的符号作为暗示。泰国中部的人有时也会加入游行。游行中人们会唱着一些关于男女性事的歌曲，在村落田间游行后将男性生殖模具供奉于田边女神庙，人们相信当男女神结合天神就会降雨。男女之间的关系象征着天与地和生命的力量，是物资丰富的源泉，所以男女之间的关系与降雨也息息相关，求得稻作丰收，性是一个很重要的因素。由于此仪式比较尴尬，必须是在田间村落举行，不会出现在城市。

---

① [泰]素甘雅，素查雅. 傣泰民族稻米文化中的"祈雨仪式"：神话、民间故事与歌谣中的镜像（泰文）[M]. 曼谷：朱拉隆功大学资助研究，2001：195.

（三）塑泥人祈雨

塑泥人祈雨指通过塑泥人男女赤身交合或者女人赤身跪地的形象祈雨，该仪式传承了百年有余。同样由于仪式中赤身的泥像不是很文雅，在大城市不会看到这样的求雨形式，多举行在田间、村野或者路边，为了让天神看到不想污秽了双眼，于是就降雨冲刷掉羞耻的泥塑像。碧差汶府斯剃区的村民经历了20年来最严重的干旱，15个以上的村落受灾严重，农田干旱，超过两万亩农田受灾。村民举行了游猫求雨仪式后，3天后还是没有下雨，于是塑男女赤身泥人，男人叫云，女人叫雨，另外还有一个观望的男人或者是排队的下一个男人，叫作雾，以此方式让天神看不下去降雨冲刷掉污秽的泥人。

（四）游白象祈雨

白象象征着吉祥，如果哪个村落来了白象，那么那个村落就会物资丰富，人民生活得安居乐业。因为以前出现过这样的情况，于是泰国人将白象视为吉祥之物的代表。当村落干旱严重的时候，村民就合力制作白象，白象要大小适中以便于游行。村民通常是开车载着白象到村落间游行，在游行前会请僧人进行诵经祈福，一路载歌载舞，每到一户人家的时候，村民就出来迎接白象并做功德，人们相信这样不久就会降雨，使得干旱的农田丰收。

（五）宋干祈雨

宋干节是泰国的年节，即新年。"宋干"二字来自梵语，意为"移位"，泰语具体指离开双鱼宫运行到白羊宫。节日期间，泰国人要到佛寺斋僧、听僧侣讲经、给佛像沐浴等。在宋干节中美女是活动中热闹的环节，游行队伍载歌载舞、鼓乐喧天以欢庆新年，妙龄少女手捧盛水器皿，向路人洒水祝愿，人们相互洒水祝愿迎接新年。泼水也有"求雨"的含意,迎接新的一年到来,祈求来年丰收。①

四、祈雨仪式的特点

祈雨仪式所祭拜的神不是单一的,具有多元性。从求雨仪式的神灵来看,所涉及的神灵不是单一的同一位,有恬神、青蛙神、龙王、菩萨、鱼神、田间女神等,人们相信这些天神都有行云布雨的神力。祈雨祭拜的多位神灵体现了泰国民间信仰多神并存的混杂性、实用性以及功利性等。

欢歌快舞是祈雨仪式中的重要部分。祈雨仪式从来不是静默的,而是伴着欢歌快舞进行的。在祈雨仪式中,除了有锣鼓声、鞭炮声,还有祝祷词、唱词、经文唱念等相关的音乐行为,都是为实现祈雨目的服务的。在祈雨行进队伍中,人们边吹打,边唱诵,边跳舞,气氛活跃欢快,体现了歌与舞在祈雨仪式中的重要作用。这些歌谣、颂词、诵经都是构成祈雨仪式的重要文化元素,人们通过歌谣、颂词、诵经的内容向神灵表达着自己的愿望,希望神灵能够从仪式的唱诵中听到人民的心声,歌唱与舞蹈成为人们在求雨仪式中表达对神灵的虔诚、恭敬之心的主要形式。在这些仪式中,歌谣大多由简单的咒语不断丰富发展而来,它概括性地总结仪式目的、功能和基本程序,并祈祷实现降雨的愿望,歌谣伴奏的音乐也增强了仪式的气氛。②

祈雨仪式暗含了阴阳调和的自然理趣。古人认为,久旱不雨是阳气过盛,阴气不至,需要阴阳调和,雨水是由阴阳二气相交鼓荡而生成的,阴阳理论中,《内经》有云:天之阳气下降,

---

① 戚盛中. 泰国民俗与文化[M]. 北京:北京大学出版社,2013:107-110.
② 金勇. 泰国民间文学[M]. 宁夏:宁夏人民教育出版社,2008:152.

气流于地,地之阴气上升,气腾于天,阴阳二气交感而化生万物,产生风雨雷电等自然现象。祈雨仪式中,阴阳二气相鼓荡可以降雨,甚至古人认为男女交媾可以阴阳相合而降雨,并将男女之事称为"云雨",①也将祈雨仪式中所塑泥像取名"云""雨""雾",将男性生殖模具供奉于田间女神庙的祈雨仪式核心观念也在于此。

祈雨仪式隐含着巫术原理。英国人类学者弗雷泽将原始巫术分为两种形式:模拟巫术和接触巫术。我们从概念和实例来分析这两种巫术。模拟巫术中,巫师主要通过模仿,心中意念自我感觉就能实现任何他想做的事。模拟巫术的原理是,两个相似的事物之间存在的某种感应与联系,因此通过影响事物 A 就能够远距离地影响与之相似的事物 B。另一种巫术是叫接触巫术,这种巫术是以"接触律"为基础的。这种巫术的原理是:通过曾为某人接触过的物体,对所接触的物体施加迫害,达到对其本人的负面影响。②在祈雨仪式中,主要运用了模拟巫术,将水洒向母猫身上,洒向乌鱼身上,人们互相洒水,是通过模拟下雨的场景,运用模拟巫术做什么产生什么的原理,祈望通过洒水模拟降雨的方式取得充足的雨水。

五、祈雨仪式的文化内涵

稻作文化是祈雨民俗仪式的根本内涵。稻作文化包括水稻的产生、发展、稻作生产技术传播以及由稻作生产而形成的民间生活方式、宗教信仰等。其中,最为核心的是围绕稻作文化产生的民俗、礼仪和宗教信仰。宋干节正是稻谷成熟、收割进仓的时候,

---

① 孟凡玉. 中国传统祈雨仪式音乐景观及用乐观念探析[J]. 音乐研究,2018,7(4):78-87.
② [英]弗雷泽. 金枝——巫术与宗教之研究(上册)[M]. 北京:商务印书馆,2016:26-68.

稻谷从播种到成熟，是为一年，时间上符合迎接新年到来的含义，也符合祈求来年丰收的含义，因此，宋干节作为年节，是泰国农业社会广大农民的节日，是稻作文化的伴生物。[①]按民俗学理论："岁时节日是农业文明的伴生物，在考察各种民俗活动的成因时，不能离开这一观点。……在它的历史发展过程中，有许多后续的内涵融入期间，然而，深究各种节俗活动产生的最初根源，却不难发现一个简单而又永恒的推动力：即人们祈望五谷丰登、人畜两旺、岁岁平安。"[②]至此，可以说是所有的祈雨仪式均是祈求风调雨顺、五谷丰登。

神灵崇拜文化是祈雨仪式民间信仰的核心内容。神灵崇拜包括对神灵、鬼灵、精灵的崇拜，还包括对幻想的具有超自然力的神物的崇拜，如灵物、灵魂。万物有灵是神灵崇拜的理论基础，神灵观念是自然和社会在人们头脑中的虚幻反映。在泰国人的传统观念中，自然界中的一切都有神灵掌管，它们呼风唤雨，降灾赐福。神灵崇拜是原始意识觉醒的产物，符合原始宗教崇拜其神性内容的主体，神灵是人为宗教教义及道德规范的形象体现。神灵崇拜的形成主要是人为宗教的催化和封建统治者的功利目的，其次还有人民群众的需要，人们通过祈祷，向心目中的自然力或鬼神求助，希望它们来帮助自己实现某种目的。祈雨仪式中无论是民间故事中的恬神、青蛙神，还是田间庙野里的女神，都是人们幻想出来祭拜并求得愿望的神灵。神灵崇拜的作用主要表现在祈福消灾、趋吉避凶，以求得心理安慰的效应，在祈雨仪式中主要表现为祈求神灵降雨、驱邪攘灾、年谷顺成。

佛教文化增添了祈雨仪式的神圣性。泰国全国 95%的人信仰佛教，而且以小乘佛教为主。泰国有僧侣 30 万人，泰国历法使用佛

---

① 戚盛中. 泰国民俗与文化[M]. 北京：北京大学出版社，2013：107.
② 钟敬文. 民俗学概论[M]. 上海：上海文艺出版社，1998：135.

历,比公历早543年。素可泰王朝建立前,佛教已传到泰国北部,从王国统治者至普通百姓都崇信佛教。素可泰时期,兰甘亨王专门从锡兰请来高僧传授佛教戒律以及举行佛教相关仪式,从素可泰的第五代国王开始,每位泰国国王都要出家一段时间,已经沿袭至今。到阿瑜陀耶时期,佛教盛行,"每村立一寺,每寺建塔,约以万计"。曼谷王朝建立后,历任国王都尊崇佛教。佛教在泰国有着广泛的影响,佛教渗透到泰国人生活的方方面面,对泰国的文学艺术、经济发展、建筑风格,乃至人们的日常生活都有着重要影响,佛教在泰国有着神圣的地位。泰国的民俗活动往往有佛事的参与,在祈雨民俗仪式中,佛事的参与最主要的就是诵经祈福。泰国的佛教信仰根深蒂固且影响深远,泰国人认为只有经过佛事礼仪的仪式才更具有神圣性,通过佛教的庇佑,能够消灾攘祸,通过佛教的祈祷,能够达成心愿。在祈雨仪式的游行中,佛事参与的表现还有百姓的斋僧、做功德,人们通过行善积德希望自身能够幸福安康。

  生殖崇拜是祈雨仪式渴求农业丰收与生命繁衍的文化互动。生殖崇拜主要体现为对生命繁衍的渴望以及对农业丰饶的渴求,对生命繁衍的渴望是生殖崇拜文化的主要内容,对农业丰收的渴求是生殖崇拜文化的重要外延,二者构成生殖崇拜文化的重要内蕴。对以务农为主要生活方式的泰国人而言,对农产丰饶的企盼,在社会文化中占据了重要的地位。人们认为,农业生产也并不是单纯的谷物播种、长成与收获的活动,而是神秘的生命繁衍过程。谷物繁衍与人类生命繁衍之间,具有一定的互动性文化关联。弗雷泽指出两性关系对植物的影响在世界各地各民族中都有所反映,未开化的祖先把植物的能力拟人化为男性、女性,根据奉信这种仪式的人的意见,如果没有人的两性的真正结合,树木花草的婚姻不可能生长繁殖,仪式中有意识地采用两性交媾的手段来确保大地丰产,把人类繁衍生育的过程同植物繁盛混淆,以为求助于前者,同时就会促进后者。在新几内亚西端和澳大利亚北部的群岛,男男女女在树下进行性交活动纵情狂欢,这样的节庆活动的目的是向太阳祖宗求得雨水,求得丰富的饮料和食品,子孙兴旺,生育繁殖,多财多福。中非的巴干达人相信两性媾和与大地丰产之间有密切的关系,欧洲一些地区也有反映此观念的习俗。[①]在生殖崇拜的文化中,泰国人认为两性关系对于植物具有感应影响,从而有些人把性行为作为促进土地丰产的手段,包括求雨中的游男性生殖器模具敬奉于女神庙、塑男女媾和的泥人像等充满了生殖崇拜文化意味的民俗。也正是对农业丰饶的祈求与人类生命繁衍的内在文化互动性,使得对农业丰饶的祈求,构成生殖崇拜文化的一个最为重要的外延。

六、结语

泰国多样的祈雨仪式源于泰国民间信仰多神并存的现象。面临旱灾时,人们求助于众多的人格神和非人格神,通过祭拜信仰的恬神、田间女神、青蛙神、菩萨等神灵,在各地开展不同形式的祈雨仪式,希望通过祭拜活动能够降雨。

在科学技术发展的今天,随着天气预报水平的提高、农业技术的进步,我们知道雨水的获取与祈雨仪式没有丝毫关联,风雨雷电的产生有一定的自然规律,祈雨逐渐退出历史舞台。泰国民众也未必全都相信通过祈雨会降雨,更多的祈雨活动是带有娱乐性和表演性。除开封建迷信的一面,我们可以看到祈雨仪式有着深刻的内涵,祈雨是农民愿望的一种反映,反映了泰国人民追求幸福生活的美好愿望。祈雨仪式是农耕文明社会的反映,与当地的自然环境、社会历史发展相联系,是一种带有仪式性的民俗文化活动,甚至带有艺术性。祈雨在泰国实际上已经成为和当地文化习俗相结合的一种形式。

---

① [英]弗雷泽. 金枝——巫术与宗教之研究(上册)[M]. 北京:商务印书馆,2016:232-238.

综 述

泰国国际关系智库：基本概况、涉华视角和主要观点

虞 群
（国防科技大学国际关系学院）

摘要：近年来，泰国国际关系智库发展迅速，并高度重视对华研究，其研究成果日益影响泰国政府对华政策与公众对华认知的走向。智库界基于泰国自身及东盟组织的利益考量，从全球战略视角对中国发展进行解读和思考，尤其关注"一带一路"倡议、中国与大国关系、中国—东盟关系等问题。目前，中泰智库交流合作尚处于起步阶段，了解泰国国际关系智库的情况及有关学者的观点，有助于中泰智库的交流与合作。

关键词：泰国智库；中国问题研究；智库合作

随着中国国际影响力的提升和"一带一路"倡议的推进，中国研究逐渐为各国智库所聚焦。作为政府外交决策智囊团和公共知识传播者的泰国国际关系智库，始终密切关注中国发展，以中国为主题的智库研讨会及研究报告层出不穷，在一定程度上影响泰国政府对华政策和公众对华认知的走向。目前，我国学术界对泰国智库的研究还较为薄弱。笔者以"泰国""智库"作为关键词在"中国知网"（www.cnki.net）进行搜索，仅有 9 条结果，且无

作者简介：虞群，国防科技大学国际关系学院军事外交研究中心副主任，副教授，军事学博士，政治学博士后。

一是针对泰国智库的专题研究,表明中国学术界对于泰国智库的研究不够,缺乏对其精英阶层"中国观"的深度了解。

笔者曾于 2016 年至 2017 年在泰国朱拉隆功大学文学院与政治学院访学一年,其间与泰国国际关系智库有较多接触,并多次进行学术研讨交流,对其发展现状、研究视角与主要观点具有一定的感性与理性认知。本文拟简要介绍当前泰国国际关系智库现状,并选取 2012 年以来重要涉华研究成果进行文本分析,探讨泰国智库对中国"一带一路"倡议、中国—东盟关系等问题的立场观点,并对中泰智库交流合作进行一定思考。

一、泰国主流国际关系智库概况

相对于西方发达国家以及印尼、新加坡、菲律宾等东盟邻国,泰国智库发展总体较为缓慢。宾夕法尼亚大学智库研究项目(TTCSP)编写的历年《全球智库报告》显示,2007 年,泰国有 8 家智库入选国际高端智库排行榜,而 10 年后的 2017 年,入选数量仅增至 9 家。①

在这 9 家智库中,隶属于朱拉隆功大学政治学院的安全与国际问题研究所(Institute of Security and International Studies, ISIS)是唯一入选的国际关系智库。该研究所成立于 1981 年,主要从事东南亚安全问题研究。1982 年,朱拉隆功大学正式赋予该所国际安全事务独立研究和国际知识传播的任务。研究所经常与泰国国会外交事务委员会、泰国国防研究院、泰国社会科学协会、亚洲研究所等机构合作,组织有关安全领域的国内学术研讨会,其研究内容涉及泰国反叛乱政策、族群冲突以及泰国武器采办等。国

---

① James G. McGann, 2017 Global Go To Think Tank Index Report [R], Philadelphia: University of Pennsylvania, 2018.

际学术研讨会议题以东盟安全为主，如"能源与东盟安全""东盟—越南关系之未来""东盟国家的经济变化与国家安全"（与新加坡东南亚研究所联合举办）、"地区与国际背景下的东盟安全"（与加州大学伯克利分校东亚研究所以及印尼战略与国际问题研究中心联合举办）、"东南亚的国际安全"（与伦敦国际战略研究所联合举办）、"东盟：21世纪人的安全"（得到新加坡远东组织以及泰国亚洲基金会的支持）、"东南亚族群冲突"（得到泰国洛克菲勒基金会支持）。同时，研究所还是东盟战略与国际问题研究所联盟的创始机构之一，兼任泰国亚太安全合作理事会秘书处。现任研究所所长为提提南·蓬素迪拉副教授。[①]

与安全与国际问题研究所同属于朱拉隆功大学政治学院的朱大亚洲研究所成立于1967年，1985年独立为学院级别的综合性研究所，也是泰国国际关系主流智库之一。该所下设多个研究中心，包括中国研究中心（1995）、亚洲移民研究中心（1995）、湄公河研究中心（2006）、穆斯林研究中心（2004）。亚洲研究所与泰国国内外多家研究机构签署合作协议。亚洲研究所定期出版《亚洲评论》《亚洲研究通讯》等学术刊物。泰国国际关系学术界泰斗强·提拉威教授曾担任所长，现任所长为努安劳伊·迪拉副教授。[②]

"朱大系"智库除了上述两家，还有以政治学院素拉查·班隆素教授为核心的安全研究项目。安全研究项目经费来自国家情报办公室情报研究所，发行不定期出版刊物《安全研究期刊》，每期聚焦一个安全问题，目前已出版158期。其内容覆盖国际国内安全热点问题，如恐怖主义、能源安全、泰国南部安全、泰国军人与国家政治关系、泰柬柏威夏寺争端、泰美关系、美国亚太政策、非法跨国移民等。不久之前，素拉查教授被评为"国家优秀

---

① 相关资料请参见 http://www.isisthailand.org/，访问时间：2018.09.14。
② 相关资料请参见 http://www.ias.chula.ac.th/，访问时间：2018.09.14。

教师"，在学术界的影响力达到顶峰。

与朱拉隆功大学齐名的法政大学在国际关系研究方面毫不逊色。成立于1985年的法政大学东亚研究所是泰国老牌知名国际问题研究机构，下设中国研究中心、日本研究中心、韩国研究中心以及东南亚国家研究中心。东亚研究所的国际研究始于1981年的日本研究项目，日本前首相福田赳夫和中曾根康弘在任期间均给予法政大学日本研究项目大力支持。其后，随着研究领域扩展至中国和朝鲜半岛，才发展为东亚研究所。该所定期出版多种期刊，其中《日本学研究》和《东亚研究国际期刊》学术影响力较大，分别被泰国期刊指数中心(TCI)和东盟引用指数(ACI)编制的期刊排行榜收录。2017年，研究所共获"中泰铁路合作评估：泰国视角"等13项研究基金项目，召开了一些重要学术研讨会。[1]

除了上述高校的国际问题研究智库，泰国政府智库也在一定程度上取得了不少成绩，对泰国政府的决策影响日益增大。泰国学术研究主管机构是泰国国家研究院(NRCT)，由总理直接领导，负责向总理和内阁进行政策咨询并制定国家学术研究规划和分配研究经费。泰国国家研究院下设12个学科领域委员会，以及区域和国别研究中心。其中，泰中战略研究中心(TCRC)是泰国政府对华研究和中泰战略合作的主要机构，近年来致力于推动中泰两国学术合作和智库交流，并为泰国对华政策制定提供决策咨询。该中心自2012年与我国华侨大学联合每年举办的中泰战略研讨会，是目前中泰学术交流最具影响力的学术论坛。2018年8月，第七届中泰战略研讨会在曼谷举行，主题为"迈向共同发展：'一带一路'与泰国4.0"，诗琳通公主出席开幕式。此外，该中心还与中国社科院、中国国际战略研究基金会、中国人民大学国家发展与战略研究院等智库开展对话合作。2018年7月，该中心与中国国际战略研究基金会

---

[1] 相关资料请参见 http://asia.tu.ac.th/，访问时间：2018.09.14。

在南京大学联合举办题为"印太战略：中国的态度与泰国的视角"的中泰战略智库论坛，开创中泰高端智库间对话新机制。目前该中心主任为前泰国国防研究院副院长、泰军司令部顾问素拉希·塔纳汤上将，中心顾问委员会主席为著名学者、前泰国国家政治改革委员会主席、兰实大学公共事务学院院长阿奈·劳塔玛塔教授。①

泰中战略研究中心作为政府智库，专职研究人员数量非常有限，主要依靠高校及其他智库研究人员开展学术活动。其中，阿奈·劳塔玛塔教授主持的泰国兰实大学国家战略智库研究所是泰中战略研究中心重要的合作智库。该研究所成立于2012年，名义上隶属于兰实大学公共事务学院，但其项目经费主要来自泰国健康促进基金会。阿奈·劳塔玛塔教授是研究所的灵魂人物，在泰国政界、学界具有很高的社会影响力。日常负责研究所事务的是副所长优沃迪·卡甘盖女士。研究所致力于国家发展战略及公共政策研究，以定期组织囊括社会各界精英的"战略论坛"或学术研讨会而闻名。2017年12月，研究所主办了"中共十九大后中国新一代领导人对世界与泰国的意义"学术研讨会，其余论坛主题包括"中国政治发展：机会与挑战""东方崛起时代泰国外交政策之改革"，等等。②从目前情况看，兰实大学国家战略智库研究所在泰国智库界的影响力正在上升。

二、涉华视角与主要观点

泰国国际关系智库学者高度关注中国发展。近年来泰国学者对党的十八大以来的政治改革、经济发展、科技进步、对外关系等方面进行了全方位研究，尤其聚焦于"一带一路"、中美关系、

---

① 相关资料请参见 http://www.vijaichina.com/，访问时间：2018.09.15。
② 相关资料请参见 http://www.rsu-brain.com/，访问时间：2018.09.15。

南海问题等热点问题,发表了丰硕的研究成果。

(一)"一带一路"倡议

"一带一路"研究正成为泰国智库界关注的热点。据不完全统计,泰国每年召开的有关"一带一路"的学术研讨会达10次以上,与"一带一路"有关的学术论文和评论文章数以百计。学者的主要关注点是中国"一带一路"倡议对于泰国的利弊,以及泰国如何充分利用"一带一路"倡议的红利。

阿奈·劳塔玛塔教授在其专著《阿奈观天下》中收录了两篇关于"一带一路"倡议的文章,分别是《"一带一路":中国与陆上海上丝绸之路的重建》和《泰国对于中国"一带一路"的应对战略》,形成了他对"一带一路"倡议的完整观点体系。前文主要论述了他对中国"一带一路"倡议的观点:中国以自身各领域资源推动"一带一路"倡议,并与沿线国家"合作、合心、合思、合资"[①]。后文则提出:泰国首先应对"一带一路"倡议持欢迎态度,毕竟中国是泰国的最大贸易伙伴与最大游客来源国,且中泰两国长期保持友好关系。其次,无论对"一带一路"倡议采取何种合作方式,均需关照其他大国尤其是泰国与美国的关系,因为泰国是美国的"非北约主要盟国"。最后,泰国应加强与东盟邻国的联合,利用东盟共同体的合力与中国开展"一带一路"合作。就中泰高铁而言,阿奈认为,合作双方一定要建立在真诚相待、互惠互利的基础上,才能获得成功。[②]

与阿奈教授视角不同,朱拉隆功大学安全与国际问题研究所

---

① เอนก เหล่าธรรมทัศน์.One Belt One Road:จีนกับการสร้างเส้นทางสายไหมทางบกและทะเลขึ้นมาใหม่.เอนกทรรศน์.มูลนิธิสถาบันสร้างสรรค์ปัญญาสาธารณะ.มิถุนายน ๒๕๖๐.หน้าที่ ๑๗๕ ([泰]阿奈·劳塔玛塔."一带一路":中国与陆上海上丝绸之路的重建[J].阿奈观天下,2017,6:179.)

② เอนก เหล่าธรรมทัศน์.ยุทธศาสตร์ไทยต่อ "หนึ่งแถบหนึ่งเส้นทาง" หรือ OBOR ของจีน.เอนกทรรศน์.มูลนิธิสถาบันสร้างสรรค์ปัญญาสาธารณะ.มิถุนายน ๒๕๖๐.หน้าที่ ๑๘๔ ([泰]阿奈·劳塔玛塔.泰国对于中国"一带一路"的应对战略[J]. 阿奈观天下,2017,6:184.)

所长提提南·蓬素迪拉副教授 2018 年 9 月 28 日在《曼谷邮报》发表题为《中国"一带一路"倡议对泰国影响》的文章，阐述了他对泰国如何对接中国"一带一路"倡议的独特观点。尽管泰国政府对"一带一路"倡议持支持态度，但也采取类似于马来西亚的平衡策略，利用日本平衡中国在基础设施建设方面的利益。泰国军人政府力图将其"泰国 4.0"发展战略以及东部经济走廊开发项目与"一带一路"倡议对接。更令人瞩目的是泰国古老梦想"克拉运河"的复燃，这个看似渺茫的宏大项目，在"一带一路"背景下增加了可能性。如果"一带一路"倡议能为其提供市场基础的多方驱动力，"克拉运河"将会成为泰国对"一带一路"事业最具价值和重要性的贡献。①

（二）中国与大国关系

阿奈教授是泰国智库界最早预测中美关系走向的学者之一。早在特朗普尚未执政之前，阿奈教授便撰文指出，一旦特朗普当选，美国将从世界责任中抽身，抛弃盟国，转而专心美国的发展，同时美国将会冒险在世界上任何地方与任何对手开战。届时，中美关系将会是"斗争为主，合作为辅"②。

朱拉隆功大学政治学院素拉查·班隆素教授 2018 年 8 月 3 日在《民意报》发表的《印太战略：特朗普时期新战略》一文中指出，世界舞台上的大国竞争正在升级，"守成大国"美国处于衰退过程，而"新兴大国"中国正在上升。美国在经济上的应对战略便是贸易保护主义，日益激化成中美贸易战。而在安全领域，

---

① Thitinan Pongsudhirak.China's Belt&Road impact on Thailand.Bangkok Post.September 28,2018.see http://www.isisthailand.org/article-detail/302/，访问时间：2018.10.02。
② เอนก เหล่าธรรมทัศน์.จีนขัดแย้งกับอเมริกา:ไทยจะทำอะไร?อย่างไร?.เอนกทรรศน์.มูลนิธิสถาบันสร้างสรรค์ปัญญาสาธารณะ.มิถุนายน ๒๕๖๐.หน้าที่ ๑๕๖ [泰]阿奈·劳塔玛塔.中美冲突：泰国该做什么？怎么做？[J]. 阿奈观天下，2017，6：196.)

特朗普提出调整美国的亚洲战略，以应对中国在本地区的影响。特朗普执政初期尚未提出明确的亚洲战略，直至 2017 年才提出"自由开放的印太"，或者简称"印太战略"。此战略扩大了原先的战略政治图景，将整个印度洋地区与太平洋联为一体，形成美国的两洋战略。尽管美国并没有太多时间来推行此项战略，但是，如果未来印太战略付诸实施，那么整个地缘政治图景将会被极大改变，从而对亚洲地缘政治和地缘战略形成重大挑战。①

除中美关系外，中印关系与中日关系也是泰国智库界的重点关注领域。2017 年 12 月 18 日，《今日邮报》刊载查亚尼·颂森姆萨瓦的文章《印度进攻东盟，分散权力制衡中国》，对当前中印关系进行了评述。文章分析了印度对中国"一带一路"倡议的态度，指出莫迪执政以来推行"向东干"战略，加强与东盟国家以及日本关系，意在抗衡中国在东南亚地区的影响力。印度也试图以贸易和基础设施投资拉拢东盟各国，例如大力推进印缅泰三国公路工程。此外，印度还注重文化攻势，邀请东盟 10 国领导人共同欣赏《罗摩衍那》，唤起文化认同。该文还指出，日本在印度的"向东干"战略中发挥着积极作用，力图帮助印度在东南亚地区扩大影响。②

针对中日关系，泰国的日本研究重镇法政大学东亚研究所日本研究中心于 2014 年 2 月 5 日主办"从水域到空域的中日争端：对泰国外交政策的影响"学术研讨会，邀请朱拉隆功大学政治学院教授才瓦·堪楚及泰国法政大学政治学院教授素拉猜·西里盖进行学术交流，政府、学界及社会各界共 90 人与会，旨在分析中日矛盾原因及前景，服务泰国政府对华、对日外交决策。针对中日矛盾，素拉猜·西里盖认为中日钓鱼岛争端仅是中日长期以来

---

① สุรชาติ บำรุงสุข.ยุทธศาสตร์อินโด-แปซิฟิกยุทธศาสตร์ใหม่ยุคทรัมป์.มติชนรายวัน.วันที่ ๓ สิงหาคม ๒๕๖๑.([泰]素拉查·班隆素. 印太战略：特朗普时期新战略[N]. 民意报，2018-8-3.)
② ชญานิษ ส่งเสริมสวัสดิ์.อินเดียรุกอาเซียน กระจายอำนาจคานจีน.หนังสือพิมพ์โพสต์ทูเดย์.วันที่ ๑๘ ธันวาคม ๒๕๖๐.([泰]查亚尼·颂森姆萨瓦. 印度进攻东盟，分散权力制衡中国[N]. 今日邮报，2017-12-18.)

矛盾的一部分，可以说这种矛盾的主要原因是日本政治精英推行保守主义和民族主义政策所致。日本不承认且拒绝对第二次世界大战时期所犯罪行负责的立场是导致中日冲突延续至今的主要因素。同时，中日矛盾也是美国鼓动日本遏制中国的外交政策的结果。素拉猜认为，对于东盟而言，应在中日之间保持战略平衡。此外，也应提高警惕，避免让美国对中国的围堵政策对东盟的对华政策产生影响。①

(三) 中国—东盟关系

一篇刊登于泰国国防科技研究所网站的分析文章指出，对于泰国而言，尽管与中国没有海上争端，但是作为东盟重要国家之一，必须考虑周到，既要维护东盟内部团结，又要与中国保持良好关系。同时，泰国应借鉴经验，树立民众海洋意识，加强海上权益维护。②

2017年12月29日，孔敬大学湄公学院丹塔昂在《曼谷邮报》发表的《重塑东盟与中国关系》一文指出，东盟未来50年所面对的挑战是如何以平等姿态与外部各方交往的同时，加深一体化程度。美国特朗普政府的退席与中国在东南亚影响力的增加，使东盟成为强有力的行为体的希望变得渺茫。南中国海的争端，也令东盟内部产生分歧。③

---

① สุรชัย ศิริไกร.ชนวนความขัดแย้งของจีนและญี่ปุ่น จากสงครามโลกครั้งที่สองสู่พิพาทหมู่เกาะเดียวหวี.วารสารญี่ปุ่นศึกษา.ฉบับที่ ๓๑ ๒๕๕๘. ([泰]素拉猜·西里盖：中日矛盾之导火索——从二战到钓鱼岛争端[J]. 日本研究学刊，2015(2)：1.)

② พรพล น้อยธรรมราช.ข้อพิพาทน่านน้ำทะเลจีนใต้ ตอนที่ 3：ทิศทางและแนวโน้ม.https://www.dti.or.th/page_bx.php?cid=24&cno=4343&cno2=0&show=40. ([泰]宝叻彭·诺伊塔玛拉. 南中国海争端(3)：路线与趋势，泰国国防科技研究所网站，访问日期：2018.10.3.)

③ Than Tha Aung.Reinventing the Asean-Sino relationship.Bangkok Post.December 9, 2017. see https://www.bangkokpost.com/opinion/opinion/1387702/reinventing-the-asean-sino-relationship，访问日期：2018.10.04。

三、结语

事实上，泰国国际关系智库对于中国的关注领域非常广泛，比如中共十九大后内政外交走向、中国产业升级以及中国军事改革等方面都有相关研究，体现了泰国精英阶层深入了解中国的强烈意愿。鉴于篇幅所限，本文仅选择了泰国主流国际关系智库研究人员在三个问题上的部分观点进行了综述，部分地反映了泰国知识分子精英阶层的"中国观"，即基于泰国自身及东盟组织的利益考量，从全球战略视角对中国发展进行解读和思考，既希望用好用足中国快速发展的红利，又试图与中国保持距离，维护自身独立性。但是，少数学者对中国仍然存在偏见，没有保持客观公正的研究立场。这既源于固有思维的束缚，也反映出中泰智库界缺乏交流合作的现实。

总体来说，中泰智库的交流还不够广泛和深入。这主要有三个原因：其一，语言交流不畅。中泰两国学者中通晓对方语言者微乎其微，能用英语自由表达观点进行学术研讨者亦为数不多。其二，中国智库对泰国智库了解不多。其三，泰国智库对中国智库的了解也不够深入。近年来，在中泰智库界的共同努力下，情况有了较大改观。中泰两国智库界交流合作趋于频繁，且更为注重实质性交流与探讨。这对于中泰关系发展而言无疑大有裨益。可以预见，中国的泰国研究将迎来蓬勃发展的良好局面。同时，对于泰国而言，政府、民众、商界、学界对于中国发展的关注度日益增强，而泰国的中国研究远不能满足需求，这为中泰智库深层次合作提供了机遇。中泰学者需要共同努力，推动智库交流合作，促进相互理解，为中泰关系发展发挥更大的作用。